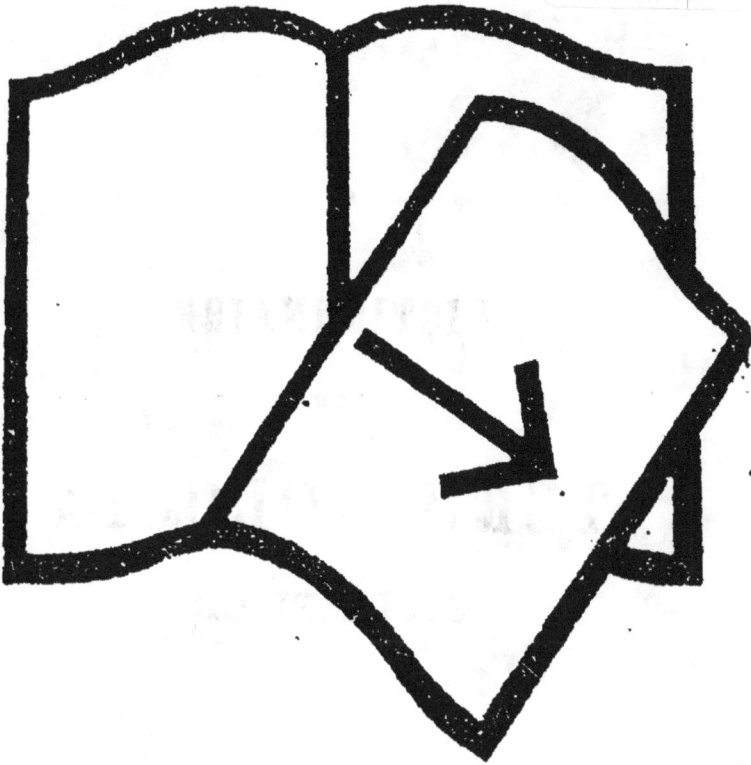

Couvertures supérieure et inférieure
manquantes

DICTIONNAIRE

DE

TERMINOLOGIE

SCOLASTIQUE

Avignon. — Imprimerie Seguin frères.

Original en couleur

NF Z 43-120-8

DICTIONNAIRE

DE

TERMINOLOGIE

SCOLASTIQUE

OU

EXPLICATION DES TERMES, PRINCIPES, DISTINCTIONS, ETC.

EMPLOYÉS PAR LES PRINCIPAUX AUTEURS SCOLASTIQUES
ET SURTOUT PAR SAINT THOMAS

Par Pierre NOVA

Directeur de Grand Séminaire.

AVIGNON

SEGUIN FRÈRES

IMPRIMEURS-ÉDITEURS

13, rue Bouquerie, 13

PARIS

VICTOR LECOFFRE

LIBRAIRE-ÉDITEUR

90, rue Bonaparte, 90

1885

A

A. — Dans certains mots conventionnels que les scolastiques avaient formés pour résumer la théorie du syllogisme, la lettre A servait à désigner les propositions universelles affirmatives ; tandis que E désignait les propositions universelles négatives, I les propositions particulières affirmatives, O les propositions particulières négatives. Ces notions étaient renfermées dans ces deux vers :

Asserit A, negat E, verum generaliter ambo ;
Asserit I, negat O, sed particulariter ambo.

Ainsi un syllogisme en BARBARA est celui dont les trois propositions sont universelles affirmatives ; un syllogisme en CELARENT a pour majeure une proposition universelle négative, pour mineure une proposition universelle affirmative, et la conclusion est une proposition universelle négative. V. *Modi syllogismi.*

f 3 ABSURDO SEQUITUR QUODLIBET.

D'une proposition absurde on peut déduire ce que l'on veut. Ainsi, au début d'une argumentation, si vous admettez, comme vraie, une proposition fausse, on vous conduira logiquement à des faussetés et à des absurdités. Spinoza a déduit tout son panthéisme d'une définition incomplète de la substance.

AB EXTRINSECO. — AB INTRINSECO.

D'une façon extrinsèque ou externe ; d'une façon intrinsèque ou interne. Ex. : La nécessité de nature est un principe *ab intrinseco*, tandis que la violence est un principe *ab extrinseco*. V. S. Thomas (i p. q. LXXVIII, a. i et in lib. iv Sent., dist, XXII, q. 2, a. i).

AB INDIFFERENTI, UTI INDIFFERENTI, NIHIL DETERMINATUM ORIRI POTEST.

L'indifférence, comme telle, ne peut être le principe d'aucune détermination ; autrement dit : un être qui par lui-même est indifférent à être ou à n'être pas, à agir ou à ne pas agir, etc. ; en d'autres termes : un être qui n'a pas l'existence ou l'opération dans son essence doit, pour exister ou agir, recevoir une action qui le détermine à être ou à opérer. Ex. : Le monde est contingent et, comme tel, indifférent à exister ou à ne pas exister. L'existence du monde suppose donc une cause qui l'ait déterminé à être.

ABALIETAS. — ASSEITAS.

L'asséité est l'attribut d'un être qui existe par lui-même, *a se*, en vertu de son essence ; l'asséité ne convient qu'à Dieu, être nécessaire. — Le mot *abalietas* désigne la condition d'un être qui n'existe pas en vertu de son essence, mais qui a reçu l'existence d'un autre. Ex. : Le monde, l'homme. V. *Perseitas*.

ABOMINATIO.

Au sens philosophique, l'abomination est un acte de notre volonté fuyant un mal absent et l'empêchant de se présenter à nous. C'est l'opposé du désir.

ABSOLUTE.

Absolument. C'est-à-dire sans restriction, sans aucun rapport avec autre chose, sans condition et sans comparaison.

ABSOLUTE. — ACCOMMODATIVE.

Absolument, sans exception. Ex. : Tous les hommes sont doués de raison. — D'une manière accommodée, avec quelque exception. Ex. : Tous les hommes périrent par les eaux du Déluge. Tous les hommes, excepté ceux qui étaient dans l'Arche. Consulter saint Augustin (*De peccatorum remissione*, livre I, chap. 28). V. S. Thomas (1 part., q. xix, a. 6).

ABSOLUTE. — COMPARATIVE.

Absolument, sans comparaison avec autre chose. — Comparativement, par rapport à autre chose. S. Thomas, dans les *Questions disputées* (De la vérité, quest. II, a. 2), dit : Les créatures sont quelque chose *absolute*, mais elles ne sont rien comparées à Dieu, *comparative*

ABSOLUTE. — DEPENDENTER.

Absolument, sans aucune dépendance. Ex. : Dieu règne absolument sur le monde. — Avec quelque dépendance. Ex. : L'effet dépend de la cause qui le produit.

ABSOLUTE EX HYPOTHESI.

L'absolu par hypothèse est ce qui est nécessaire à un être, non d'après sa nature, mais d'après certaines conditions qui lui sont imposées. Ex. : La respiration est nécessaire à l'homme pour vivre. V. S. Bonaventure (in lib. 7 Sent., dist. XXXVIII, a. 2, q. 1).

ABSOLUTE. — HIC ET NUNC.

Absolument, sans égard aux circonstances de temps, de lieu et autres. Ex. : Le mensonge est un mal. — *Hic et nunc*, ici et maintenant, c'est-à-dire eu égard aux circonstances de lieu, de temps, etc. Ex. : L'aumône est une chose bonne en soi, mais elle peut devenir mauvaise par les circonstances si, par exemple, on donne aux pauvres par ostentation ou pour une fin mauvaise.

ABSOLUTE. — HYPOTHETICE.

Absolument, sans condition; hypothétiquement, conditionnellement. Ex. : Dieu est bon *absolute*. — Dieu nous récompensera *hypothetice*, c'est-à-dire si nous sommes fidèles.

ABSOLUTE. — MODALITER.

Absolument, considéré en soi. — *Modaliter*, considéré suivant les modes, les accidents, les diverses modifications. Ex. : Un homme qui dort ne diffère pas *absolute* d'un homme qui marche, mais il en diffère *modaliter*.

ABSOLUTE. — SECUNDUM QUID.

Absolument ou simplement, sans restriction, sous tous les rapports. — *Secundum quid*, sous un certain rapport. V. S. Thomas (1. quest. v, a. 1, c.).

ABSOLUTE. — RESPECTIVE.

Absolument, sans aucune comparaison avec autre chose. — Relativement, avec comparaison. Ex. : La paternité est une entité relative.

ABSOLUTE. — TOTALITER.

Absolument, en soi et sans égard aux circonstances

et aux accidents.—Totalement, universellement, toujours et dans toutes les circonstances. Ex. : L'amour de Dieu est une vertu, une chose bonne *totaliter*, car elle est telle toujours et dans toutes les circonstances. Les richesses ne sont pas bonnes *totaliter*, mais seulement *absolute*, car il y a certaines circonstances où elles sont un péril, un danger, un mal. Consulter S. Thomas (2ᵃ 2ᵉ quæst. LVIII, a. 10, ad 2 et IIIᵉ part. q. ι, a. 5, c).

ABSOLUTUM EST PRIUS RELATIVO SECUNDUM ESSE, ET EST POSTERIUS RELATIVO SECUNDUM DICI.

L'absolu est avant le relatif selon l'être et après lui selon notre manière de nous exprimer. Voir *Absolutum relativum*, et consulter S. Thomas (1ᵃ 2ᵉ q. XVI, a. 4, ad 2).

ABSOLUTUM. — CONNOTATIVUM NOMEN.

Le nom absolu est celui qui désigne par lui-même une chose sans aucun rapport avec une autre. Ex. : L'être, la substance. — Le nom connotatif est celui dont la signification n'est complète qu'autant qu'il implique un corrélatif. Ex. : La paternité. V. *Connotare, Connotativa*.

ABSOLUTUM. — RELATIVUM.

L'absolu est celui qui ne se rapporte pas à autre chose, qui est complètement indépendant : Dieu est l'être absolu. — Le relatif est celui qui se rapporte à autre chose : la créature est un être relatif.

ABSTRACTIO.

Considérée en général, l'abstraction consiste à séparer une chose d'une autre. Ex. : Si je ne considère dans un mur que sa couleur, je fais une abstraction. S. Thomas (1ʳᵉ partie, quest. XL, art. 3, c.) distingue trois sortes d'abstraction : celle de la matière (voir *Abstractio a materia*), celle des sens (V. *abstractio a sensibus*), celle des choses (V. *Abstractio materialis, totalis, physica, præcisiva.*)

ABSTRACTIO A MATERIA.

L'abstraction de la matière peut se faire de quatre manières : de la matière sensible, de la matière intelligible, de la matière commune et de la matière individuelle. V. S. Thomas (1ʳᵉ partie, quest. LXXXV, art. 1, au 2 et 3ᵉ partie, quest. LXXVII, a. 2 au 4). Voir *Abstractio physica*.

ABSTRACTIO A SENSIBUS.

L'abstraction des sens se fait par l'âme au moyen de l'attention ou de l'imagination ou bien par quelque cause naturelle comme le sommeil. V. S. Thomas (2ᵃ 2ᵃᵉ quæst. CLXXIII, art. 3, c.). L'homme ici-bas fait abstraction des sens pour connaître l'essence de Dieu.

ABSTRACTIO MATERIALIS, REALIS. — INTENTIONALIS, LOGICA.

L'abstraction est matérielle ou réelle lorsqu'on sépare des objets qui peuvent être séparés physiquement. Ex. : Les branches d'un arbre. — L'abstraction est intentionnelle ou logique lorsqu'on sépare des objets qui ne peuvent être séparés que par l'opération de notre esprit. Ex. : Séparer la couleur du mur colorié.

ABSTRACTIO PER MODUM SIMPLICITATIS. — PER MODUM COMPOSI-TIONIS.

L'abstraction simple, nommée abstraction précisive ou de simple intelligence, consiste à considérer une essence dépouillée de ses accidents et de ses qualités individuelles, c'est l'opération de l'intellect agent. V. S. Thomas (1re partie, quest. LXXXV, art. 1 ad 1). — L'abstraction composée ou négative consiste à abstraire une chose d'une autre de manière que notre esprit affirme qu'une qualité convient ou non au sujet. V. S. Thomas (1re partie, quest. LXXXV, art. 1, ad 1).

ABSTRACTIO PHYSICA. — METAPHYSICA. — MATHEMATICA.

L'abstraction physique consiste à considérer une forme, une essence indépendamment du sujet qui la possède en faisant abstraction de la matière singulière et non de la matière sensible. Ex. : La blancheur, les corps en général. — L'abstraction métaphysique consiste à considérer une essence abstraite de la matière sensible et intelligible. Ex. : L'humanité.— L'abstraction mathématique consiste à considérer une essence abstraite de la matière sensible, mais non intelligible. Ex. : L'essence du triangle.

ABSTRACTIO PRÆCISIVA. — NEGATIVA.

L'abstraction précisive, négative. V. *Abstractio per modum simplicitatis.*

ABSTRACTIO TOTALIS. — FORMALIS

L'abstraction est totale lorsqu'on considère la nature d'un être, d'une façon universelle, dépouillée des qualités propres à l'individu ou à l'espèce. Ex. : L'homme est un animal raisonnable.—L'abstraction est formelle lorsque l'on considère une essence indépendamment de quelque sujet que ce soit. Ex. : L'animalité, l'humanité.

ABSTRACTE. — CONCRETE.

D'une manière abstraite, c'est-à-dire séparé d'autre chose. Ex. : Un être séparé de ses qualités accidentelles, une qualité séparée des autres qualités. — D'une manière concrète, c'est-à-dire réuni à autre chose. Ex. : Un sujet considéré avec son essence et tous ses accidents.

ABSTRACTIVA. — INTUITIVA. — COMPREHENSIVA.

La connaissance est abstractive lorsque l'objet n'est pas connu en lui-même, mais par le moyen de l'espèce intelligible d'un autre objet. Ex. : La connaissance que nous avons de Dieu, dès cette vie. — La connaissance est intuitive lorsque l'objet, immédiatement intelligible, est connu en lui-même. Ex. : La connaissance que les Saints du ciel ont de Dieu. — La connaissance est compréhensive lorsque l'objet est non seulement connu en lui-même, mais encore dans toutes ses qualités intelligibles. Ex. : La connaissance que Dieu a de lui-même.

ABSTRACTUM ET CONCRETUM IN DEO SUNT IDEM REALITER ET DIFFERUNT RATIONE.

En Dieu l'abstrait et le concret sont une seule et même chose dans la réalité, ils ne diffèrent qu'intentionnellement par les conceptions de notre esprit; dans les créatures, l'abstrait et le concret diffèrent réellement. V. S. Thomas (1 part. quæst. XL, art. 1, ad 1°).

ACCENTUS FALLACIA.

L'artifice de l'accent est un sophisme qui consiste à employer dans un même sens un terme qui, par un changement d'accent, a deux significations différentes. Ex. : Les pêcheurs sont les ennemis de

Dieu. Or, les apôtres étaient pêcheurs. Donc ils étaient les ennemis de Dieu.

ACCIDENS.

L'accident est l'être inhérent à un autre comme à un sujet, c'est-à-dire l'être qui, pour exister, a besoin d'adhérer à un autre comme à un sujet qui le supporte. Ex. : La couleur. « L'accident, dit S. Thomas, est une chose à laquelle appartient l'être dans une autre » (in lib. IV Sent., dist. XII, quæst. I, a. I, sol. I, ad 2). La substance est l'opposé de l'accident. Suivant la remarque de S. Thomas, la définition exacte de l'accident n'est pas une chose existant dans un sujet, mais une chose à laquelle il est dû d'être dans un sujet (III partie, q. LXXVII, a. I). — L'accident désigne une notion universelle qui exprime une qualité qui peut être ou n'être pas dans un sujet, sans que pour cela l'essence de celui-ci soit détruite. Ex. : Être grand, petit, blond, brun, etc., sont des accidents pour l'homme. Les scolastiques se servaient aussi du mot accident pour exprimer ce qui arrive par hasard et rarement, ce qui n'appartient pas à l'essence du sujet et ce qui arrive à celui-ci d'une manière contingente.

ACCIDENS NON EST NOBILIUS SUO SUBJECTO.

L'accident est moins noble que son sujet absolument, mais il peut être plus noble sous un certain rapport. V. S. Thomas (1re partie, q. XVI, a. 6, 1.)

ACCIDENS IN ABSTRACTO NON PRÆDICATUR SECUNDUM MAGIS ET MINUS.

L'accident, considéré d'une manière abstraite, ne se dit pas selon le plus ou le moins. V. S. Thomas (1a 2æ, q. LII, 1, 2, 3 et q. LIII, 2 et 3.)

ACCIDENS INDIVIDUATUR ET DISTINGUITUR SECUNDUM SUUM OBJECTUM.

L'accident s'individualise et se distingue selon son sujet. V. S. Thomas (1a q. XXIX, a. 1, c.)

ACCIDENS NON EXCEDIT SUUM SUBJECTUM.

Aucun accident ne peut excéder son sujet selon l'être, mais selon l'opération. V. S. Thomas (1a q. CXIV, a. 1, ad. 5.)

ACCIDENS NON MIGRAT DE SUBJECTO AD SUBJECTUM.

Un accident ne peut passer d'un sujet à un sujet qui est le même numériquement. V. S. Thomas (3e partie, q. LXII, a. 3.)

ACCIDENS POTEST ESSE SUBJECTUM ACCIDENTIS SED PER SUBSTANTIAM.

L'accident peut être le sujet d'un autre accident par la substance. V. S. Thomas (1re part., q. LXXVII, art. 7 ad 2.) V. *Accidentia absoluta*.

ACCIDENS ABSOLUTUM. — MODALE.

L'accident absolu est celui qui affecte immédiatement la substance et qui donne à celle-ci une entité nouvelle. Ex.: La quantité. — L'accident modal est celui qui affecte immédiatement les accidents absolus sans donner à la substance une entité nouvelle. Ex.: La forme de la quantité. V. *Accidentia absoluta*.

ACCIDENS ABSOLUTUM. — RELATIVUM.

L'accident absolu, par opposition à l'accident relatif, est celui qui affecte la substance en elle-même sans indiquer aucune relation. Ex.: La grandeur. — L'accident relatif indique le rapport d'une chose à une autre. Ex.: La paternité. V. *Relatio*.

ACCIDENS CATEGORICUM, PRÆDICAMENTALE. — CATEGOREMATICUM, PRÆDICABILE.

L'accident est dit catégorique ou prédicamental, quand il est considéré comme l'opposé de la substance. — L'accident est dit catégorématique, ou prédicable, lorsqu'il est considéré comme un des universaux. V. *Accidens physicum*.

ACCIDENS COMPLETUM. — INCOMPLETUM.

L'accident complet est celui qui a une entité distincte de la substance et des autres accidents. Ex.: La lumière. — L'accident incomplet est celui qui n'a pas cette entité. Ex.: L'intensité de la lumière.

ACCIDENS INTRINSECUM. — EXTRINSECUM

L'accident intrinsèque est une qualité qui appartient au sujet et qui existe en lui. Ex. : Le froid pour la glace. — L'accident extrinsèque est celui qui n'appartient qu'extérieurement au sujet. Ex. : L'action.

ACCIDENS PHYSICUM. — LOGICUM.

L'accident physique est l'opposé de la substance et désigne ce qui, pour exister, a besoin d'adhérer à un autre comme à un sujet. Ex. : La couleur. — L'accident logique désigne une qualité que l'on peut affirmer ou nier d'un sujet sans que, pour cela, l'essence de celui-ci soit détruite. Ex. : Être philosophe pour l'homme. L'accident physique se nomme aussi accident catégorique, prédicamental. L'accident logique s'appelle accident prédicable, catégorématique, verbal. V. S. Thomas (1re part., q. XLVIII, a. 1).

ACCIDENS PREDICAMENTALE. — PREDICABILE.

L'accident prédicamental et prédicable indiquent l'un et l'autre une chose qui ne peut exister en elle-même. Toutefois l'accident prédicamental indique seulement l'opposé de la substance, tandis que l'accident prédicable indique la manière dont l'attribut est affirmé du sujet, à savoir que l'attribut peut être affirmé ou nié du sujet sans que, pour cela, l'essence

du sujet soit détruite. V. S. Thomas (Questions disputées, De l'esprit créé, a. II, c.).

ACCIDENS SEPARABILE. — INSEPARABILE.

L'accident séparable est celui que le sujet peut
perdre facilement. Ex. : La chaleur pour le fer. —
L'accident non séparable est celui que le sujet ne
peut perdre qu'à grand peine. Ex. : La blancheur
pour le lait.

ACCIDENS SPECIEI. — INDIVIDUI.

L'accident de l'espèce est celui qui exprime une
qualité qui découle nécessairement de l'essence. C'est
le propre. V. *Proprium*. — L'accident de l'individu
est celui qui exprime une qualité qui ne découle pas
nécessairement de l'essence. Ex. : Être philosophe
pour l'homme. V. S. Thomas (Quest. disp., de Pot.
Dei, q. v, a. 4).

ACCIDENTIA ABSOLUTA.

Sous le nom d'accidents absolus, les théologiens
désignent les accidents qui, séparés de leur substance
existent soutenus par la puissance divine. Dans ce
cas, les accidents, détachés de leur substance, n'ont
pas avec elle une inhérence actuelle, mais ils conservent l'inhérence aptitudinale, réclamée par leur
nature d'accident; ils ont toujours leur nature
propre ou l'aptitude à exister sur une substance,

C'est ainsi que, dans la divine Eucharistie, les accidents du pain et du vin existent sans leur sujet propre. C'est la quantité qui est le sujet des autres accidents. V. S. Thomas (3ᵉ partie, q. LXXVII, a. 2.) L'accident dit ailleurs S. Thomas (1ʳᵉ partie, q. LXXVII, a. 7, ad 2) ne peut être par lui-même le sujet d'un autre accident; mais un accident est quelquefois reçu dans une substance avant un autre, par exemple la quantité avant la qualité ; c'est de cette manière qu'on dit d'un accident qu'il est le sujet d'un autre accident, comme la superficie relativement à la couleur, en tant qu'une substance reçoit tel accident par le moyen de tel autre.

ACCIDENTALITER. — ESSENTIALITER.

Un attribut convient essentiellement au sujet lorsqu'il ne peut être nié sans que l'essence du sujet soit détruite. Ex. : La faculté de penser pour l'homme. — Un attribut convient accidentellement au sujet lorsqu'il peut être affirmé ou nié sans que l'essence du sujet soit détruite. Ex. : La qualité de philosophe pour l'homme. — Deux choses diffèrent essentiellement lorsqu'elles n'appartiennent pas au même genre ou à la même espèce. Ex.: L'homme et la plante. — Deux choses ne diffèrent qu'accidentellement lorsqu'elles appartiennent à la même espèce. Ex. : Le chien épagneul et le chien de chasse. V. S. Thomas (3ᵐᵉ partie, q. II, a. 6.)

ACCOMMODATIVE.

D'une façon accommodée, c'est-à-dire avec exception. V. *Absolute, Accommode.*

ACCRETIO.

L'augmentation, dans son sens large, désigne
l'addition d'une nouvelle quantité quelconque,
Aristote (physi., liv. vii, chap. 2.). Ex. : Un fleuve au-
dessous de son étiage peut augmenter tout en restant
encore en deça de son niveau normal. — Dans le
sens propre, l'augmentation est l'addition d'une quantité plus grande que la quantité normale ou plus
grande que la quantité perdue.

ACTIO. — ACTION.

Aristote définit l'action : L'acte de l'agent en tant
qu'agent (Phys., lib. iii, c. 3). Un dissentiment s'était
élevé entre les thomistes et les scotistes au sujet de la
nature de l'action. Les premiers soutenaient que
l'action était une réalité qui s'ajoutait à l'agent, les
seconds enseignaient que l'action n'était qu'une
simple relation. Aussi Scot donne-t-il de l'action la
définition suivante : *Actio est respectus extrinsecus
adveniens transmutantis ad transmutatum.* C'est le
rapport extrinsèque de ce qui transforme avec ce qui
est transformé.

Voici le tableau que l'Ecole avait dressé sur le prédicament *Actio* :

	Actio	
Vitalis		Non vitalis
	Vitalis	
Sensitiva		Intellectiva
	Sensitiva	
Externa		Interna
	Externa	
Hæc		Illa

ACTIO. — PASSIO.

L'action est l'exercice de la faculté active ; c'est ce par quoi une chose provient d'une autre. Ex. : Le mouvement imprimé par le moteur. « L'action, comme catégorie, dit S. Thomas, signifie quelque chose qui dérive d'un agent et qui en dérive avec mouvement » (in lib. 1 Sent., dist. VIII, q. IV, a. 3, ad. 3.) — La passion est la réception d'une action. Ex. : Le mouvement reçu par le mobile. La chose produite, ce qui passe du non-être à l'être, s'appelle effet ; l'agent est ce qui produit l'effet ; la passion est ce par quoi une chose reçoit un effet ; le patient celui qui reçoit l'action. Dans tout effet produit on peut distinguer trois choses : Sa production ou sa sortie de la cause : l'action ; sa réception dans un sujet déterminé : la passion ; son passage du non-être à l'être : le mouvement.

ACTIO IMMANENS. — TRANSIENS.

L'action immanente est celle dont le terme se trouve dans la cause qui la produit ; l'agent est à la fois principe et terme. Ex. : La contemplation. V. S. Thomas (3ᵐᵉ partie, q. LI, a. 4.) — L'action transitive est celle dont le terme est en dehors de la cause qui la produit ; l'agent est le principe et non le terme de l'action. Ex. : Écrire. Dans l'action transitive l'agent opère par contact physique ou par contact virtuel. V. *Contactus physicus.* V. S. Thomas (1ʳᵉ partie, q. XIV, art. 2 ; q. XVIII, a. 3 ; q. XXIII, a. 2 ; q. XXVII, a. 1.)

ACTIO INSTANTANEA. — SUCCESSIVA.

L'action instantanée est celle qui produit son effet soudainement, sans aucun laps de temps. Ex. : La création. « Le devenir et l'être sont simultanés ». S. Thomas (1ʳᵉ part , q. XLV, a. 2). — L'action successive est celle qui produit son effet dans un certain laps de temps. Ex. : Écrire. « L'effet n'est produit qu'à la fin du mouvement. » S. Thomas (Contre les gentils, livre II, chap. 32).

ACTIO SUBSTANTIALIS. — ACCIDENTALIS.

L'action substantielle est celle qui produit une substance. — L'action accidentelle est celle qui produit un accident. Aristote (Phys., liv. IV, c. 5).

ACTIONES SUNT SUPPOSITORUM.

Les actions appartiennent aux suppôts, aux personnes. C'est-à-dire les actions doivent être attribuées
à l'être tout entier, à l'individu, à la personne. La
nature est le principe par lequel l'être opère, *principium quo ;* mais l'individu, suppôt ou personne, est
l'être qui agit, *principium quod.* Ex. : on dit que
l'homme pense, bien que le corps n'ait aucune part
dans cette action ; que l'homme mange, bien que l'âme
ne fasse pas cette action.

ACTU ESSE VEL IN ACTU, IN POTENTIA ESSE.

L'être en acte est celui qui est produit par sa cause
et qui a une existence propre. — L'être en puissance est celui qui n'est pas produit par sa cause
mais qui peut l'être ; il n'a pas d'existence propre,
mais il existe dans la cause capable de la réaliser.
V. *Actus. potentia.* V. *Esse in actu.*

ACTU EXERCITO. — SIGNATO.

Ces mots ont plusieurs significations : 1º Une chose
est connue ou affirmée *actu exercito* lorsqu'elle est
connue directement ; au contraire, si elle est connue
par un acte reflexe, elle est connue *actu signato.* 2º Une
chose est signifiée *actu exercito* lorsqu'elle l'est sans
signes ou paroles la signifiant spécialement ; elle est
au contraire signifiée *actu signato* lorsqu'elle est indi-
quée par des signes ou des paroles spéciales. Ex. : Le

prêtre, par sa vie, ses exemples, nous montre le ciel *actu exercito*; en prêchant, il nous montre le ciel, *actu signato*, par ses paroles, ses exhortations, ses gestes. — L'on m'interroge et je me tais: j'affirme *actu exercito*. Je réponds catégoriquement oui : j'affirme *actu signato*.

ACTU PRIMO. — SECUNDO.

Une chose est considérée dans son acte premier lorsqu'on ne désigne que son essence et son intégrité. — Elle est considérée dans son acte second lorsqu'on désigne son opération propre. V. *Actus primus, secundus*.

ACTUALE. — POTENTIALE.

L'actuel est ce qui est réalisé ; — le potentiel ce qui n'est pas réalisé mais qui peut l'être par sa cause. Ex.: Le Laocoon du Belvédère est actuel, mais, avant d'être réalisé, il était potentiel dans la pensée de l'artiste et dans le marbre dont il a été fait.

ACTUALITAS ULTIMA REI.

La dernière actualité de l'être est la définition que les anciens philosophes donnaient de l'existence. V. *Existentia*.

ACTUALITER. — POTENTIALITER. — HABITUALITER.

Le mot actuellement se dit de tout ce qui est en

acte, de tout ce qui est produit; — potentiellement, de tout ce qui peut être en acte, de tout ce qui peut être produit ; — habituellement de ce qui a la coutume d'être produit, d'être en acte.

ACTUARE ALIQUID.

Actualiser quelque chose. C'est-à-dire déterminer cette chose, lui donner une forme. Ex. : L'âme actualise le corps.

ACTUS. — POTENTIA.

Bien que l'acte et la puissance soient des notions simples, par conséquent ne pouvant recevoir de définition exacte, selon la remarque de S. Thomas (ix metaph., liv. ix, leç. v), on peut toutefois donner les explications suivantes: L'acte est ce qui détermine et perfectionne un être, la puissance ce qui peut être déterminé et perfectionné. « Tout acte est une certaine perfection », dit S. Thomas (1ʳᵉ part., q. v, a. 3, c.). Ex. : L'âme est l'acte du corps ; le marbre est en puissance de recevoir telle ou telle détermination, d'être une statue, une cheminée, etc. — Le mot acte signifie en général l'exercice de la faculté d'agir. Ex. : L'acte de l'intelligence est de penser. Entendu dans ce sens, l'acte est l'opposé de la puissance active d'agir, laquelle puissance est l'aptitude à produire une action. Le mot acte s'emploie souvent pour désigner la forme substantielle ou la forme accidentelle ; il est alors opposé à la puissance passive ou susceptible de recevoir telle ou telle forme. — L'acte détermine et perfectionne un être. La puissance est ce qui peut être déterminé ou perfectionné, c'est en général l'aptitude à l'acte. — Être en acte c'est avoir une essence et des qualités propres ; être en puissance c'est être apte à recevoir une essence, des qualités. V. *Esse in actu.*

ACTUS ET POTENTIA SUNT CONTRARIA.

L'acte et la puissance s'excluent. Car l'être en acte fait disparaître l'être en puissance en l'actualisant.

ACTUS ET POTENTIA SUNT IN EODEM GENERE.

L'acte et la puissance appartiennent au même genre puisque ce qui est en acte était auparavant en puissance ; l'acte n'est que la puissance actualisée. Ex. : L'intellection et l'intellect.

ACTUS MELIOR EST QUAM POTENTIA.

L'acte vaux mieux que la puissance. Tout acte est, en effet, une perfection. Une chose est plus parfaite lorsqu'elle existe que lorsqu'elle n'est que possible.

ACTUS ABSOLUTUS. — RESPECTIVUS

L'acte absolu, selon Aristote, désigne l'être complet, — l'acte respectif, l'être incomplet (Metaph., liv. xii, c. 3 et 4.)

ACTUS ALIQUIS EST PRIOR QUAVIS POTENTIA.

Il faut admettre un acte antérieur à toute puissance. La puissance ne peut par elle-même arriver à l'acte, il faut qu'elle y soit amenée par un être déjà en acte, car se réduire en acte, c'est opérer, c'est agir, ce qui ne convient pas à l'être simplement potentiel. « Rien ne peut être réduit de la puissance à l'acte, dit S. Thomas, si ce n'est par quelque chose qui est déjà en acte » (1re part., q. ii, a. 3, c.).

ACTUS ELICITUS. — IMPERATUS.

L'acte élicite est celui que la volonté produit immédiatement et complétement. Il appartient entièrement à la volonté et se trouve complet dès qu'il est produit par cette faculté. Ex. : Vouloir. — L'acte impéré est celui que les autres facultés accomplissent sous le commandement de la volonté. Ex. : Marcher, réfléchir. V. S. Thomas (1re de la 2e, q. xviii, a. 6.)

ACTUS ESSENTIÆ. — EXISTENTIÆ. — QUALITATIS.

L'acte d'essence est celui qui détermine un être à appartenir à telle ou telle espèce ; c'est l'acte formel, la forme. — L'acte d'existence est celui qui détermine un être à se trouver dans le monde réel. — L'acte de qualité ou d'accident est celui qui détermine un être déjà existant à posséder telle ou telle qualité accidentelle. L'acte d'existence prenait aussi le nom d'acte entitatif. *Entitavus actus est quo res habet esse existens extra suas causas*. (Columb. phys. lib. 11, q. 11, a. 1.)

ACTUS HOMINIS. — ACTUS HUMANUS.

L'acte d'homme ou acte naturel est celui que nous produisons sans délibération de l'intelligence et sans choix de la volonté. Ex. : Se caresser la barbe sans y prendre garde et sans y réfléchir. — L'acte humain ou acte moral est celui qui est produit avec délibération de notre intelligence et choix de notre volonté. Ex. : Prier, pécher. V. S. Thomas (1re part. de la 2e, q. 1, a. 1., c.).

ACTUS INFORMATIVUS.

L'acte informant est ce qui détermine la puissance à recevoir une forme.

ACTUS PHYSICUS. — METAPHYSICUS.

L'acte physique est celui par lequel est formé un composé physique, — et l'acte métaphysique est celui qui concourt à la formation d'un composé métaphysique. Aristote (*De anima*, lib. 11, c. 4).

ACTUS PRIMUS. — SECUNDUS.

Etymologiquement l'acte premier est celui qui ne suppose aucun acte avant lui. — L'acte second celui qui présuppose l'acte premier. Dans l'ordre des choses, l'acte premier est l'essence de l'être, l'acte second son opération, S. Thomas (1re de la 2e, q. cxi, a. 2, c.). Dans l'ordre logique de notre connaissance l'acte premier est l'opération de notre intelligence, l'acte second est l'essence connue. — L'acte premier désigne souvent la puissance et l'acte second l'opération, l'exercice de la puissance. Ex. : Un avocat endormi est dans l'acte premier de plaider ; quand il est à la barre défendant sa cause, il est dans l'acte second. — L'acte premier d'un être, c'est son aptitude à recevoir une forme, une détermination. Ex. : Le dauphin de France était roi *in actu primo*. L'être est dans l'acte second lorsqu'il a reçu sa forme, sa détermination. Ex. : Louis XIV fut roi *actu secundo* en 1643. V. S. Thomas (1re partie, q. xlviii, a. 5, c. et 1er de la 2e, q. iii, a. 2, c.).

ACTUS PRIMUS ESSENTIÆ. — SECUNDUS ESSENTIÆ.

L'acte premier de l'essence c'est l'existence; — l'acte second l'opération. V. S. Thomas (1er de la 2e, q. cxi, a. 2, c.).

ACTUS PRIMUS PROXIMUS. — PRIMUS REMOTUS.

L'acte premier prochain désigne une cause, une faculté qui possède tout ce qui lui est nécessaire pour agir et produire son effet. — L'acte premier éloigné désigne une cause qui n'a pas tout ce qui lui est nécessaire pour produire son effet.

ACTUS PURUS. — NON PURUS.

L'acte pur est celui qui n'a aucun alliage de puissance : Dieu seul est acte pur. — L'acte non pur ou mixte est celui qui est composé d'acte et de puissance. — Quelquefois la forme substantielle est désignée par le mot acte pur.

ACTUS PURUS OMNINO EST ETIAM OMNINO PERFECTUS.

L'acte tout-à-fait pur est aussi tout-à-fait parfait. Tout acte est une perfection tandis que toute puissance est imperfection, puisqu'elle tend à l'acte qui doit la déterminer et la perfectionner.

ACTUS SUBSISTENS. — NON SUBSISTENS.

L'acte subsistant est celui qui peut exister seul. Ex. : Les anges. — L'acte non subsistant est celui qui ne peut exister seul. Ex. : L'âme des bêtes.

ACTUS SUBSTANTIALIS. — ACCIDENTALIS.

L'acte substantiel est celui par lequel un être est actuellement ce qu'il est. Ex. : Ce qui fait que ce lingot est or, cuivre ou argent ; c'est la forme substantielle. V. *Forma substantialis.* — L'acte accidentel est celui qui survient à une substance déjà constituée dans son être. Ex. : La grosseur, le poids du lingot ; c'est la forme acccidentelle.

AD ALIQUID.

Vers quelque chose. Ces mots désignent la relation. V. *Relatio*.

AD HOMINEM.

Contre l'homme, l'adversaire. Un raisonnement *ad hominem* est celui qui s'appuie sur les données concédées par l'adversaire.

ADÆQUATE. — INADÆQUATE.

Adéquatement, c'est-à-dire entièrement et totalement. — Inadéquatement ou dans une partie seulement. Ex. : L'homme considéré adéquatement est une créature raisonnable composée d'une âme et d'un corps ; considéré inadéquatement c'est un être doué de raison.

ADÆQUATUM. — PROPORTIONATUM OBJECTUM.

L'objet adéquat d'une faculté est tout ce qui peut être saisi par cette faculté. — L'objet proportionné est tout ce qui peut être saisi par cette faculté placée dans les conditions qui lui sont propres Ex. : L'objet adéquat de l'intellect est tout ce qui peut être connu, son objet proportionné tout ce qui peut être connu par un intellect uni à un corps.

ADDITUM.

L'addition est tout ce que l'on ajoute à un être

ou à un mot pour le déterminer d'une façon quelconque.

ADDITUM AMPLIANS. — RESTRINGENS. — ALIENANS.

L'addition d'ampliation consiste à ajouter un mot à un terme pour donner à celui-ci une signification plus large. V. *Ampliatio.* — L'addition de restriction consiste à ajouter un mot à un terme pour donner à celui-ci une signification plus étroite. Ex. : Les hommes justes seront sauvés. Le mot *justes* restreint l'idée générale exprimée par les mots précédents : *Les hommes.* — L'addition d'aliénation consiste à ajouter un mot à un terme pour donner à celui-ci une signification impropre ou figurée. V. *Alienatio.*

ADJACENS TERMINUS.

Le terme adjacent n'est autre que l'adjectif ou connotatif.

ÆQUALITAS. — SIMILITUDO.

L'égalité, la similitude. V. *Similitudo.*

ÆQUALITAS VIRTUALIS

L'égalité virtuelle convient aux êtres qui ont même force ou même perfection. Ex. : Deux machines qui possèdent la même puissance.

ÆQUIPOLLENTIA.

L'équipollence est l'équivalence de deux proposi-tions : elle indique l'identité de signification et de valeur de deux propositions qui ont même sujet et même attribut. Ex. : Tous les hommes ne sont pas prudents ; quelques hommes ne sont pas prudents. L'école avait réuni dans quelques vers les règles de l'équipollence :

Non omnis, quidam ; non omnis non, quasi nullus.
Non nullus, quidam ; sed nullus non valet omnis ;
Non aliquis, nullus ; non quidam non, valet omnis.
Non alter, neuter ; neuter non præstat uterque.

ÆQUIVOCA CAUSA. — UNIVOCA CAUSA.

La cause univoque est celle qui produit un effet de même nature qu'elle. Ex. : La lumière produisant la lumière. — La cause équivoque est celle qui produit plusieurs effets qui ne peuvent pas apparte-nir à la même espèce. Ex. : La chaleur produisant la lumière et le mouvement. Ainsi on peut distinguer l'axiome : L'effet produit doit être de même nature que la cause, *affirmative* pour la cause univoque, *négative* pour la cause équivoque.

ÆQUIVOCA A CASU. — A CONSILIO.

Les équivoques fortuits sont des termes qui, par leur homonymie, conviennent à plusieurs êtres, mais dans des sens différents. Ex. : Le mot aigle désigne

à la fois une constellation, un oiseau, un drapeau, etc.
— Les équivoques conventionnels ne sont autres que
les termes analogues. V. *Æquivoci, univoci, analogi
termini.*

ÆQUIVOCA ÆQUIVOCATA. — ÆQUIVOCANTIA.

Les équivoques *æquivocata*, sont les choses équivoques. — Les équivoques *æquivocantia* sont les
termes équivoques. V. *Æquivoci termini.*

ÆQUIVOCATIO.

L'équivoque est un sophisme dans lequel on prend,
en un même argument, un terme dans deux sens
différents. Ex. : L'être intelligent réfléchit. Or, une
glace réfléchit ; donc elle est intelligente.

ÆQUIVOCE. — UNIVOCE.

D'une manière équivoque, univoque. — Les attributs sont affirmés du sujet d'une manière univoque
lorsque non-seulement le nom mais encore l'essence
de l'attribut convient au sujet ; Ex. : L'homme est
un animal ; — d'une manière équivoque lorsque le
nom seul de l'attribut convient au sujet, mais sous
des significations et des raisons diverses ; Ex. : C'est
ainsi que le mot aigle désigne une constellation, un
drapeau.

ÆQUIVOCI, — UNIVOCI, — ANALOGI TERMINI

Les termes équivoques sont ceux qui désignent plusieurs choses qui ont le même nom et une nature différente. Ex. : Le mot aigle peut désigner une étoile, un oiseau, un drapeau. Les choses équivoques sont celles qui s'accordent par le nom et qui diffèrent quant à l'objet désigné : l'oiseau, l'étoile, le drapeau sont équivoques par rapport au mot aigle. — Les termes univoques sont ceux qui, désignant plusieurs objets, conservent toujours la même signification. Les objets désignés ne se ressemblent pas seulement par le nom mais encore par la nature. Ex. : Le mot créature appliqué à l'ange et à l'homme. Les choses univoques sont celles qui sont désignées par le même terme ayant la même signification. Ex. : L'ange et l'homme par rapport au mot créature. — Les termes analogues sont ceux qui sont attribués à des objets qui ont entre eux un certain rapport naturel ou conventionnel. Ex. : le pied de l'animal, le pied de la montagne, le pied de l'autel « Ainsi le mot sain s'attribue à l'animal, à l'air, à la viande, dans son sens propre, il désigne principalement la santé qui ne convient qu'à l'animal ; mais on dit que l'air est sain, que la viande est saine parce qu'ils servent à conserver la santé » (Port-Royal). Les choses analogues sont celles qui diffèrent par leur raison d'être, mais auxquelles le même nom convient à cause des rapports qui existent entre elles.

ÆQUIVOCI INTENTIONIS.

L'équivoque d'intention est le nom par lequel Aristote désigne les termes analogues. V. *Æquivoci termini.*

AER.

L'air. — C'était un des quatre éléments qui, suivant les anciens philosophes, concouraient à la composition de tous les corps mixtes sublunaires ; les trois autres éléments étaient : l'eau, la terre et le feu. On supposait que l'humidité était la qualité essentielle de l'air ; aussi un des axiômes reçus dans l'école était celui-ci : *Aer humidior aqua.* La chaleur était encore une propriété essentielle de l'air. L'air était divisé en trois régions : 1º La région suprême : elle s'étendait de la sphère du feu jusqu'à la partie de l'air qui ne peut plus recevoir l'action échauffante des astres ; zone très chaude, elle comprenait ainsi tout ce qui était sous l'influence de la chaleur des astres. 2º La région inférieure : elle s'étendait de la surface du sol jusqu'à la partie de l'air que les rayons solaires n'échauffent plus ; zone chaude comprenant tout ce qui était sous l'influence de la chaleur du soleil. 3º La région intermédiaire : elle s'étendait de la partie de l'air soustraite à l'action du soleil à la partie de l'air que ne recevait pas encore l'action des autres astres ; zone très froide comprenant tout ce qui n'était échauffé ni par les astres, ni par le soleil ;

ainsi le sommet des hautes montagnes. Telle était la théorie de l'ancienne philosophie. Voir sur l'air S. Thomas (1re part. q. LI, a. 2 ; q. LXVIII, a. 3 ; q. LXXI, a. 3 ; q. LXXIV, a. 1).

ÆSTIMATIVA.

L'estimative est la faculté de connaître sans réflexion antécédente ce qui est utile ou nuisible. C'est une faculté sensitive ; les animaux la possèdent. Considérée dans l'homme, l'estimative a reçu le nom de raison particulière ou cogitative. « La faculté estimative, dit S. Thomas, sert à percevoir les intentions ou connaissances, propriétés que ne peut percevoir le sens. Ainsi la brebis fuit à la vue du loup, non parce qu'il a une couleur désagréable ou une figure repoussante, mais parce que c'est son ennemi. De même l'oiseau recueille des pailles non parce qu'elles plaisent à ses sens, mais parce qu'elles lui sont utiles pour construire son nid (1er part. q. LXXVIII, a. 4).

ÆTERNITAS.

L'éternité est définie par Boèce : L'indivisible, parfaite et simultanée possession d'une vie qui n'a point de fin. V. *Tempus*.

ÆVUM.

Ce mot, qu'on peut traduire par celui d'éviternité ou celui de perpétuité, exprime l'idée d'une existence qui a eu un commencement, mais qui n'aura pas de fin. V. *Tempus*.

AGENS.

L'agent est tout ce qui produit un effet. V. *Actio*.

AGENS ET ENS CONVERTUNTUR.

L'être et l'agent se convertissent, c'est-à-dire tout être peut agir ; et, réciproquement, pour agir il faut être.

AGENS ADJUVANS — CONSULENS. — DISPONENS. — PERFICIENS.

L'agent qui aide, qui conseille, qui dispose, qui opère. V. S. Thomas (1re de la 2e q. XVII, art. 1).

AGENS IN ESSE ET IN FIERI. — IN FIERI.

L'agent dans l'être et le devenir est celui qui donne l'être et la manière d'être : Dieu. — L'agent dans le devenir est celui qui ne donne aux êtres que leurs manières d'être.

AGENS NATURALE. — VOLUNTARIUM.

L'agent naturel est celui qui opère par l'impulsion de sa nature sans délibération et sans choix. — L'agent volontaire est celui qui produit son effet par délibération propre et par choix de la volonté. V. S. Thomas (1re partie, q. XIX, a. 4, et q. XLI, a. 2).

AGENS NATURALE DETERMINATUR AD UNUM.

L'agent naturel est déterminé à une seule chose, c'est-à-dire : il n'a qu'une fin et il y tend toujours de la même manière, tandis que l'agent libre peut se proposer différentes fins. V. S. Thomas (1re partie, q. XIX, a. 4 et q. XLI, a. 1 et 2).

AGENS OMNE FACIT SIMILE SIBI.

Tout agent naturel produit un effet semblable à lui-même. Ex. : Le feu produit le feu ; la lumière, la lumière ; l'animal, l'animal.

AGENS OMNE, IN QUANTUM HUJUSMODI, EST IN ACTU.

Tout agent, comme tel, est en acte. Il faut, en effet, être en acte pour agir. V. S. Thomas (1re part., q. II, a. 3, et q. IV, art. 1).

AGENS OMNE, IN QUANTUM TALE, EST NOBILIUS PASSO, NON AUTEM SIMPLICITER.

Tout agent, comme tel, est plus noble que le patient, mais non pas absolument. V. S. Thomas (1re partie, q. XXXIX, a. 2, et q. LXXIX, a. 2).

AGENS OMNE OPERATUR PROPTER BONUM.

Tout agent opère pour un bien. Tout agent agit pour une fin qui est bonne. V. S. Thomas (1re partie, q. CV, a. 5).

AGENS OMNE NON OPERATUR INTENDENS IN MALUM.

Aucun agent n'opère désirant le mal. Les causes nécessaires n'agissent que pour leur bien, et les causes libres sont toujours mues par le bien, soit réel, soit apparent.

AGENS PRINCIPALE. — INSTRUMENTALE.

L'agent principal est celui qui opère par sa vertu propre. Ex. : L'auteur qui écrit un livre. — L'agent instrumental est celui qui n'opère que par la vertu d'un autre agent ; il concourt à la production de l'effet sous l'action et la direction de l'agent principal. Cependant l'agent instrumental, selon la remarque de S. Thomas, exécute l'action de l'agent principal par une action qui lui est propre et naturelle (1re part., q. XLV, a. 5 et q. LXII, a. 1 et 4).

AGENS UNIVOCUM. — ÆQUIVOCUM. — ANALOGUM,

L'agent univoque est celui qui produit un effet de même nature que lui. Ex. : La lumière produisant la lumière. — L'agent équivoque est celui qui produit des effets qui ne sont pas de même nature que lui, mais qui lui conviennent sous la même raison générique. Ex. : Le soleil produisant la lumière, la chaleur. — L'agent analogue est celui qui produit un effet n'ayant avec lui qu'une ressemblance de rapport et de relation. V. S. Thomas (1re part., q. XIII, a. 5).

AGGENERATIO

L'aggénération est la production d'une nouvelle quantité dans une substance inanimée. Ex. : L'augmentation de la crue d'un fleuve qui déborde.

ANGELICUS DOCTOR.

Le Docteur angélique, c'est le titre donné à S. Thomas d'Aquin.

A LATERE.

Du côté. On emploie ce terme pour désigner les ambassadeurs, les légats que le souverain pontife choisit dans la cour romaine ; il les prend *à ses côtés*.

ALIENATIO

L'aliénation d'un terme consiste à prendre ce terme dans sa signification figurée. Ex. : Notre-Seigneur est appelé l'Agneau qui efface les péchés du monde. L'aliénation est donc l'usage d'un terme détourné de son acception propre et obvie.

ALIETAS.

C'est la distinction d'une chose de tout ce qui n'est pas elle.

ALIQUID. — UNUM. — RES. — ENS.

Un être est un en tant qu'il est indivisible en soi. —

Aliquid en tant qu'il est distinct de tout autre être. — Le mot chose, *res*, désigne souvent l'être. Il y a cependant une différence à établir : le mot être, *ens*, exprime l'acte d'être ; le mot chose, *res*, l'essence de l'être.

ALIQUIDITAS.

L'aliquidité est une des propriétés transcendantales des êtres : Tout être est appelé *aliquid* en tant qu'il est distinct de tout autre être. V. S. Thomas (Q. disp., De la vérité, q. 1, a. 1, c.).

ALIQUITATES.

Ce sont les diverses parties d'un être : *sunt aliquid rei ;* parties qui ne forment pas l'être, mais qui lui appartiennent. Ex. : Les facultés de l'âme. On désignait aussi sous le nom d'*aliquitas* tout ce qui découlait d'une façon quelconque de l'essence de l'être.

ALNETANÆ QUÆSTIONES.

Titre d'un ouvrage philosophique de Mgr Daniel Huet, évêque d'Avranches. — *Alnetanæ quæstiones*, c'est-à-dire questions discutées à Aulnay.

ALTERATIO.

L'altération est la transformation accidentelle. V. *Creatio, Productio.* L'altération réclame un sujet subsistant et résulte de l'expulsion d'une qualité et de l'introduction d'une autre. V. S. Thomas (1ᵃ part. de la 2ᵉ, q. cv, a. 3, c). On définissait l'altération : Une transformation dans les qualités extrêmes ou moyennes, le sujet sensible restant, d'ailleurs, le même, *motus penes qualitates contrarias extremas aut medias, eodem subjecto sensibili remanente.*

ALTERATIO CORRUPTIVA. — PERFECTIVA.

L'altération corruptive est le changement, la transformation qui a pour effet d'amoindrir l'être. — L'altération perfectible est le changement qui a pour effet de grandir et de perfectionner l'être.

AMBITUS.

L'extension de l'idée. V. *Complexus.*

AMPHIBOLOGIE.

L'amphibologie consiste à employer dans le même sens un terme qui a deux significations différentes. Ex. : On apprend ce qu'on ne sait pas. Or, le professeur apprend à lire ; donc il ne sait pas lire.

AMPLIATIO.

L'ampliation consiste à donner à un terme une signification trop large. V. *Suppositio.*

ANALOGA.

Les analogues sont des choses qui diffèrent par leur raison d'être, mais qui se ressemblent sous certains rapports. V. *Æquivoci termini*. Toutes les choses analogues se disent par rapport à un principe avec lequel elles ont certaine ressemblance. V. S. Thomas (1re part., q. XIII, a. 6 et a. 10).

ANALOGI TERMINI.

Les termes analogues. V. *Æquivoci termini*.

ANALOGIA ATTRIBUTIONIS.

L'analogie d'attribution est celle qui existe entre des objets qui, à raison de leurs propriétés et de leur nature, peuvent être désignés par le même mot. Ex. : Le mot *sain* est attribué à la nourriture et à la médecine parce que la nourriture conserve la santé et la médecine fait recouvrer la santé perdue.

ANALOGIA INÆQUALITATIS.

L'analogie d'inégalité est celle qui existe entre des objets qui, à raison de leur nature, peuvent être désignés par le même mot, mais non d'une façon égale et identique. Ex.: Le mot animal s'applique à l'homme et à la brute, mais d'une façon inégale, car l'homme est un animal raisonnable. Il y a donc analogie d'inégalité entre l'homme et la brute.

ANALOGIA PROPORTIONIS.

L'analogie de proportion est celle qui existe entre des objets qui ont entre eux certains rapports d'ordre ou de similitude. Ex. : « Le mot *sain* s'attribue à l'animal, à la viande, à l'air ; dans son sens propre, il désigne la santé, qui ne convient qu'à l'animal ; mais on dit que l'air est sain, que la viande est saine, parce qu'ils servent à conserver la santé. » (Port-Royal).

ANALOGICE.

Analogiquement. Des objets se conviennent analogiquement lorsqu'ils ont entre eux certains rapports naturels ou conventionnels. V. *Divisio univoca.*

ANALYTICA JUDICIA. — SYNTHETICA JUDICIA. — PROPOSITIO ANALYTICA. — SYNTHETICA.

Les jugements analytiques sont ceux dans lesquels l'attribut appartient à l'essence du sujet. Ex. L'homme est doué de raison. — Dans les jugements synthétiques l'attribut n'est pas de l'essence du sujet. — La proposition analytique exprime un jugement analytique, — et la proposition synthétique exprime un jugement synthétique.

ANIMA.

Considérée dans son sens le plus large, l'âme est ce qui donne à l'être le souffle, la vie. — On dit que l'argent est l'âme du commerce, parce que c'est lui qui donne aux transactions commerciales leur puissance, leur souffle et leur vie. S. Thomas définit l'âme : « Le premier principe de la vie » (1re part., q. LXXV, a. 1 et q. LXVIII, a. 4). Tout ce qui vit possède donc une âme : la plante, l'animal, l'homme. Les scolastiques admettent ainsi l'âme végétative pour la plante, l'âme sensitive pour l'animal, l'âme raisonnable pour l'homme. Aristote définit l'âme : « L'acte premier du corps organique qui a la vie en puissance » (II De l'âme) V. S. Thomas (1re partie, q. LXVI, art. 4, ad. 1 et art. 8, ad 2).

ANIMA EST FORMA SUBSTANTIALIS CORPORIS.

L'âme est la forme substantielle du corps. La forme substantielle d'un être est le principe de sa vie propre, de son espèce, de ses opérations. Or l'âme nous donne la vie ; c'est par elle que nous sommes hommes et que nous faisons des actes humains. Le corps séparé de l'âme n'a plus de vie propre, il perd son espèce, il est incapable de produire ses opérations propres ; ce ce n'est plus un corps humain, mais un cadavre. Les scolastiques enseignent donc avec raison que l'âme est la forme substantielle du corps. Cette doctrine a pour elle l'autorité du concile de Vienne, tenu en 1311 sous le pape Clément V, et celui du 4e concile de Latran, célébré en 1517 sous le pape Léon X. Pie IX, dans sa lettre au cardinal

Geissel, archevêque de Cologne (1857), dans le bref adressé à l'évêque de Breslau (1860), ainsi que dans sa lettre au docteur Travaglini (1874), confirme l'enseignement scolastique.

ANIMA HUMANA.

L'âme humaine est définie par Aristote : Le principe par lequel nous vivons, nous sentons, nous nous mouvons, nous comprenons : *id quo vivimus et sentimus et movemur et intelligimus primo*. Les facultés de l'âme humaine sont : la faculté végétative, la faculté sensitive, la faculté intellective, la faculté appétitive et la faculté locomotrice. V. les mots *Facultas animæ*.

ANIMA SENSITIVA.

L'âme sensitive est le principe par lequel l'animal vit, sent et se meut. Ce principe n'est pas subsistant, puisqu'il n'a pas d'opération propres indépendantes des organes corporels.

ANIMA VEGETATIVA.

L'âme végétative est le principe par lequel la plante vit, se développe et se propage. Les facultés de l'âme végétative sont : la nutrition, l'accroissement et la génération.

ANIMA VILIS.

Ame vile. Expression dont on se servait quelquefois pour désigner l'animal privé de raison.

ANTE REM. — IN RE. — POST REM UNIVERSALE.

L'universel *ante rem* désigne les idées divines, les archétypes destinés à être réalisés dans plusieurs individus. — L'universel *in re* désigne les idées divines, les archétypes réalisés dans les individus actuellement existants. — L'universel *post rem* désigne les essences des choses que notre intellect abstrait des individus.

ANTECEDENS. — CONSEQUENS TERMINUS. — RECIPROCI TERMINI.

Le terme antécédent est celui qui cause un autre terme, celui dont un autre terme découle. — Le terme conséquent est celui qui découle d'un autre terme. — Les termes réciproques sont ceux qui se concluent l'un de l'autre.

ANTECEDENTER. — CONSEQUENTER.

Antécédemment, c'est-à-dire comme cause, principe. — Conséquemment c'est-à-dire comme effet, résultat. — On veut une chose d'une manière antécédente, lorsqu'on la désire sans égard aux circonstances ; d'une manière conséquente, lorsqu'on la désire avec toutes les circonstances. V. *Necessitas antecedens*.

ANTE PRÆDICAMENTA.

Les antéprédicaments sont des notions préliminaires qu'Aristote place avant les prédicaments. Ils ont

un quadruple objet : 1º Définir l'univocité, l'équivo-
cité, l'analogie, la dénomination ; 2º diviser les
termes en termes simples et complexes et les choses
en choses affirmées et non inhérentes, choses inhérentes et non affirmées, choses inhérentes et affirmées;
3º établir les deux règles suivantes : on affirme du
sujet toute la compréhension de l'attribut ; deux
genres immédiats ont des différences diverses; 4º diviser l'être en dix prédicaments. V. *Prædicamenta*.

ANTILOGIA.

L'antilogie, au sens des philosophes sceptiques,
est l'égale valeur des raisons apportées en faveur de
deux contradictoires.

ANTIPERISTASIS.

C'est la résistance que les corps éprouvent de la
part des autres corps qui les environnent et les entourent. On appelait encore de ce nom la réaction d'une
qualité par une qualité contraire.

ANTONOMASTICE.

Par antonomase, c'est-à-dire en employant un nom
propre pour qualité caractéristique et réciproquement.
Ex : Aristote pour le philosophe; l'apôtre pour
S. Paul; la ville pour Rome. V. S. Thomas (2º part.
de la 2º, CXLI, a. 2, c. et q. CLXXXVI, a. 1 c).

APODICTICUS SYLLOGISMUS.

Le syllogisme apodictique ou démonstratif est celui dont les prémisses sont des vérités nécessaires, fondées sur l'essence des choses. Ex. : Tout ce qui est bon est aimable. Or, Dieu est bon; donc il est aimable.

A PRIORI. — A POSTERIORI.

A priori, c'est-à-dire par la cause, l'essence, l'idée, le principe, l'antécédent. — *A posteriori,* c'est-à-dire par l'effet, les propriétés, le conséquent. — La démonstration *a priori* est celle qui part de la cause pour démontrer l'effet, de l'antécédent pour prouver le conséquent. Ex. : Dieu est bon ; donc il récompensera les justes. — La démonstration *a posteriori* est celle qui de l'effet remonte à la cause, du conséquent à l'antécédent. Ex. : Je pense ; donc je suis doué d'intelligence. La priorité peut être de temps ou de raison.

APPELLATIO.

L'appellation consiste à appliquer la signification d'un terme à un autre terme. V. *Suppositio.*

APPELLATIO MATERIALIS. — FORMALIS.

L'appellation est matérielle lorsque, dans la proposition, l'attribut convient au sujet considéré

en lui-même et non sous un point de vue spécial.
— Elle est formelle lorsque l'attribut convient au
sujet considéré sous un aspect particulier. Ex. : Le
philosophe chante, l'appellation est matérielle ; le
philosophe enseigne la logique, l'appellation est
formelle.

APPETITUS CONCUPISCIBILIS. — IRASCIBILIS.

L'appétit concupiscible et l'inclination vers un
bien qui paraît délectable et facile à obtenir. —
L'appétit irascible est l'inclination vers un bien
difficile à obtenir ; il suppose des efforts à faire et
des obstacles à surmonter. « Les anciens philosophes, dit Bossuet, appellent appétit concupiscible
celui où domine le désir ou le concupiscible, et irascible celui où domine la colère. Cet appétit a toujours
quelque difficulté à surmonter ou quelque effort à
faire, et c'est ce qui émeut la colère. » (Connaissance
de Dieu et de soi-même, ch. I, n. 6). Ces deux
appétits sont deux facultés spéciales. « Ces deux
inclinations, dit S. Thomas, ne peuvent se ramener
au même principe, car parfois l'âme se porte au
milieu des dangers les plus graves, contrairement
à l'inclination de la partie concupiscible pour
repousser ce qui lui fait obstacle, conformément à
l'inclination de l'appétit irascible » (Iʳᵉ part.,
q. LXXXI, a. 2, c). La délectation et la lutte sont
formellement distinctes, de même le bien délectabl
et le bien difficile à obtenir.

APPETITUS NATURALIS. — ELICITUS.

L'appétit naturel est une propension naturelle qui incline un être vers son bien. « L'appétit, dit S. Thomas, est l'inclination d'une chose vers une autre qui lui convient » (Questions disp., De la vérité, q. xxv, a. 1, c.). Il est simplement naturel lorsque le bien ne lui est pas connu. Les êtres privés de raison ou de sensibilité sont doués de cet appétit. Ainsi les plantes ont le penchant naturel de rechercher dans les entrailles de la terre les sucs qui leur sont nécessaires. Cet appétit est inhérent à toutes les facultés de l'âme ; ce n'est pas une faculté spéciale. « L'œuvre de l'appétit naturel ne réclame pas, dit S. Thomas, une puissance particulière » (Q. disp., De la vérité, q. xxii, a. 33). — L'appétit est élicite lorsque le bien est connu de l'être. Si le bien est connu par les sens, l'appétit élicite est sensitif ; il est rationnel lorsque le bien désiré par l'appétit est connu par la raison. V. *Appetitus sensitivus.*

APPETITUS SENSITIVUS. — RATIONALIS.

L'appétit sensitif ou sensible est la propension naturelle qui porte un être vers un bien connu par les sens. Il est concupiscible ou irascible. V. *appetitus concupiscibilis.* — L'appétit rationnel est la propension naturelle qui porte un être vers un bien connu par la raison. « La volonté, dit S. Thomas, est un certain appétit raisonnable » (1er de la 2e,

q. VIII, a. 1, c). « Vouloir, dit Bossuet, c'est poursuivre le bien conformément aux lumières de la raison. »

APPETITUS SEQUITUR COGNITIONEM.

L'appétit suit la connaissance. C'est-à-dire : 1° L'acte de l'appétit suppose la connaissance; on ne saurait en effet désirer un bien inconnu, *ignoti nulla cupido*; 2° l'espèce d'appétit varie suivant la connaissance; l'appétit est sensible ou intellectuel, suivant que la connaissance est sensible ou intellectuelle. — Il n'est pas question ici de l'appétit simplement naturel, qui n'est pas une faculté spéciale.

APPETITUS SUPERIOR.

L'appétit supérieur désigne la volonté de l'homme. V. S. Thomas (1er partie, q. LXXV, a. 5).

APPREHENSIO.

L'appréhension. On donnait ce nom à la première des opérations intellectuelles, celle qui consiste à saisir les idées et les notions simples.

APPREHENSIVA. — JUDICATIVA ENUNTIATIO.

La proposition appréhensive est la simple perception sans comparaison et sans jugement; — la proposition judicative est l'affirmation qui est le résultat d'une comparaison et d'un jugement.

APPREHENSIVE.

Une chose est connue d'une manière appréhensive lorsque cette connaissance est instinctive ou acquise de prime abord, par la seule perception, sans comparaison et sans jugement,

APPREHENSIVE. — EXECUTIVE. — DIRECTIVE.

Les agents opèrent exécutivement lorsqu'ils subissent une loi fatale et agissent sans connaissance. Ex. : Les agents naturel : la pesanteur, la chaleur, etc. — Ils opèrent appréhensivemeut lorsqu'ils tendent vers leur fin et qu'ils agissent avec une certaine connaissance de la bonté de l'objet désiré. Ex. : Les animaux. — Les agents opèrent directivement lorsqu'ils agissent par leur propre détermination avec connaissance de la fin et des moyens propres à l'atteindre. Ex. : Les êtres doués de raison.

APPRETIATIVE. — INTENSIVE.

En appréciation, c'est-à-dire suivant l'estime que nous en faisons et le prix que nous y attachons. — En intensité : suivant le degré de force, d'activité, de puissance.

AQUA.

L'eau était un des quatre éléments qui, suivant les anciens philosophes, concouraient à la composi-

tion de tous les corps mixtes sublunaires. Les éléments supérieurs étaient l'air et le feu, et les éléments
inférieurs l'eau et la terre. La qualité essentielle et
qui caractérisait l'eau était le froid ; l'humide était
aussi sa propriété. V. *Elementa*.

ARBOR PORPHYRIANA.

L'arbre de Porphyre. On désigne sous ce nom un
tableau dressé par le philosophe Porphyre (233-304)
pour expliquer la distinction et la coordination des
genres, des espèces et des différences spécifiques.

Voici ce tableau :

1°
Substance

Corporelle   Incorporelle

2°
Corps

Organique   Inorganique

3°
Corps organique ou vivant

Sensible   insensible

4°
Corps sensible ou animal

Raisonnable   Non doué de raison

5°
Animal raisonnable ou homme
Pierre, Paul, André, Socrate, etc.

Le genre suprême est celui qui n'admet point d'autre genre au-dessus de lui. Ex. : L'idée de substance. — Le genre moyen est celui qui admet d'autres genres soit au-dessus, soit au-dessous de lui. Ex. : La notion de corps. — Le genre infime est celui qui n'admet au-dessous de lui que l'espèce ; il est dominé par tous les genres. Ex. : La notion d'animal. — Le genre prochain précède immédiatement l'espèce et s'y rapporte sans intermédiaire. Ex. : Animal est le genre prochain d'homme. — Le genre éloigné se rapporte à l'espèce par l'intermédiaire d'autres genres. Ex. : Corps, vivant sont des genres éloignés pour l'homme.

L'espèce suprême n'admet pas d'autres espèces au-dessus d'elle. Ex. : La notion de corps. — L'espèce moyenne admet d'autres espèces soit au-dessus, soit au-dessous d'elle. Ex. : La notion d'animal. — L'espèce infime n'a au-dessous d'elle que les individus. Ex. : La notion d'homme.

Les différences spécifiques suprêmes sont celles qui divisent le genre suprême en ses espèces immédiatement inférieures. Ex. : La notion de corporel et d'incorporel. — Les différences moyennes déterminent les genres moyens. Ex. : Les notions d'organique et d'inorganique. — Les différences infimes déterminent le genre infime à une espèce déterminée. Ex. : Les idées de raisonnable et de privé de raison.

L'être en général n'a pas en lui de différence possible, il ne constitue pas un genre.

A REMOTIS.

A l'écart. Laisser un argument *a remotis*, c'est l'abandonner.

ARGUITIVE.

Par raisonnement, par argument.

ARGUMENTUM.

Argument, raisonnement, syllogisme. V. *Syllogismus*.

ARS EST SIMIA ET IMITATRIX NATURÆ.

L'art est le singe et l'imitateur de la nature. La nature demeure toujours supérieure à l'art par son principe, sa manière de procéder et sa fin. « Nous cherchons dans les choses artificielles, dit S. Thomas, à reproduire les choses naturelles » (II part. de la Physi., leçon IV).

ARTHROSIS. — DIARTHROSIS. — SYNARTHROSIS.

L'arthrosis est l'articulation des os qui permet aux membres de se mouvoir. Si le mouvement est fort et apparent, cette articulation prend le nom de diarthrose ; si le mouvement est peu sensible, elle s'appelle la synarthrose,

ARTIFICIALE. — NATURALE. — VIOLENTUM.

L'artificiel est ce qui est conforme aux conventions des hommes. — Le naturel, ce qui est conforme à l'essence des êtres. — Le violent, ce qui est opposé aux inclinations naturelles de l'être.

ASCENSUS. — DESCENSUS TERMINORUM.

On appelle ainsi deux opérations de l'esprit ; dans la première, nous concluons de termes moins généraux ou singuliers un terme général ; nous montons du particulier au général, *ascensus.* — Dans la seconde, nous concluons d'un terme général un terme moins général ou particulier. Nous descendons du général au particulier, *descensus.*

ASSEITAS. — ABALIETAS.

L'asséité consiste à exister par soi, *a se,* en vertu de sa propre essence. Dieu seul possède l'asséité. — *Abalietas* désigne la propriété d'un être qui n'existe que par la vertu d'un autre, *ab alio.* Ex. : La créature.

ASSEITAS. — PERSEITAS.

L'asséité est l'attribut qu'a un être d'exister en vertu de son essence : Dieu est l'être *a se.* — La perséité est la propriété que possède un être d'exister en lui-même indépendamment de tout autre sujet substantiel sur lequel il repose : Toute substance jouit de la perséité.

ATARAXIS.

L'ataraxie, au sens des philosophes sceptiques, est l'état de l'âme qui goûte le calme et le repos.

ATRECOLOGIA.

L'atrécologie est le nom donné au traité de la certitude.

ATTEMPERATIVUM DECRETUM.

Le décret accommodé est le nom donné au décret par lequel Dieu a prévu de concourir à la production des effets dans les causes libres. Ce décret est accommodé ou conforme à la nature de notre liberté.

AUTODIDACTUS.

Philosophus autodidactus est le titre d'un ouvrage du philosophe Ibn-Thofail. Le héros, séparé de toute société, s'élève graduellement, par les seules forces de la raison, à la connaissance de la divinité ; il s'abîme alors dans l'infini comme une goutte d'eau dans l'océan.

B

BÉATITUDO OBJECTIVA. — FORMALIS.

La béatitude objective est ce dont la possession nous rend heureux : Dieu est la béatitude objective des élus.— La béatitude formelle est l'acte par lequel un être possède la béatitude objective. Ex. : La vision intuitive de Dieu est la béatitude formelle des élus dans le ciel. V. S. Thomas (1re part., q. 1, a. 4 c.).

BILOCATIO. — MULTILOCATIO.

La bilocation est l'état d'un corps qui se trouve, par la toute-puissance de Dieu, simultanément et tout entier en deux lieux distincts. Ex. : S. Liguori assistant le pape Clément XIV, à ses derniers moments. — *Multilocatio* désigne l'état du corps de Notre-Seigneur dans le sacrement de l'Eucharistie. Il se trouve simultanément et tout entier dans une multitude de lieux, partout où il y a une hostie consacrée.

BONITAS ENTIS TRANSCENDENS.

La bonté transcendantale de l'être n'est autre que sa perfection naturelle. Tout être, en tant qu'être, est bon.

BONUM. — MALUM.

Le bien est l'être lui-même en tant qu'il est appétible, c'est-à-dire capable d'éveiller vers lui-même une tendance de la volonté ou de l'appétit : « Le bien, dit S. Thomas, est ce qui fait qu'une chose est appétible » (1er partie, q. v, a. 1 c.) et ailleurs : « Dans les choses, chacune a un degré de bonté égal à son être, car la bonté et l'être se convertissent mutuellement » (1er de la 2e, q. xviii, a. 1 c.). — Le mal est l'absence d'une entité due au sujet. V. *Malum*.

BONUM ABSOLUTUM. — IN SUO GENERE.

Le bien absolu est celui qui possède toutes les perfections : Dieu. — Le bien, dans son genre, est celui qui possède toutes les perfections qu'il doit avoir par sa nature.

BONUM A SE. — PARTICIPATUM.

Le bien par soi est le bien existant par lui-même : Dieu. — Le bien participé est celui qui découle du bien souverain. « Toute créature, dit S. Augustin, tient son être du souverain bien, lequel néanmoins reste le même en soi et ne saurait rien perdre. » (De *mor. Manich.*, chap. 4, n. 7.) Toutes choses sont bonnes, dit S. Thomas, de la bonté de Dieu (1ᵉʳ part., q. vi, a. 4, et 2ᵉ de la 2ᵉ, q. xxiii, a. 2).

BONUM EST COMMUNICATIVUM SUI.

Tout être bon tend à se répandre et à se communiquer. Axiome. V. S. Thomas (1ʳᵉ part., q. v, a. 4).

BONUM EX INTEGRA CAUSA, MALUM EX QUOCUMQUE DEFECTU.

Le bien résulte d'une cause intègre, le mal surgit d'un défaut quelconque. Axiome. Pour qu'un acte soit bon, il est nécessaire qu'il soit tel sous tous les rapports, dans sa substance, son objet, sa fin, ses circonstances. Si un seul de ces éléments est défectueux, l'acte est mauvais.

BONUM HONESTUM. — UTILE. — DELECTABILE.

Le bien honnête est celui qui est désiré en soi et pour lui-même, parce qu'il convient à la nature raisonnable. Ex. : La vertu. — Le bien utile est celui qui est désiré non pour lui-même, mais comme moyen de nous obtenir un autre bien que nous désirons. Ex. : La médecine qui nous procure la santé. — Le bien délectable est celui qui est désiré à cause du plaisir qu'il procure. V. S. Thomas (1ʳᵉ partie, q. v, a. 6-3.)

BONUM METAPHYSICUM. — PHYSICUM. — MORALE.

Le bien métaphysique n'est autre que l'être lui-même en tant qu'il est appétible. — Le bien physique est le bien considéré dans un être déterminé. — Le bien moral est la conformité de l'objet désiré avec les règles des mœurs.

BONUM TOTIUS EST BONUM PARTIUM.

Le bien d'un tout est le bien des parties de ce tout. Axiome. Tout ce qui perfectionne, élève, ennoblit le tout, perfectionne aussi les parties du tout.

BONUM TRANSCENDENTALE.

Le bien transcendantal n'est autre que le bien métaphysique. V. *Bonum metaphysicum*.

BONUM VERUM. — APPARENS.

Le bien est vrai lorsque la chose désirée est réellement bonne. Ex. : La vertu. — Il est apparent lorsque l'objet désiré est faussement jugé bon.

C

CÆTERIS PARIBUS.

Toutes choses égales d'ailleurs, formule d'un usage fréquent. On l'emploie pour marquer que l'on compare des objets supposés toujours dans les mêmes conditions, les mêmes circonstances.

CAPUT MORTUUM.

Tête morte, langage figuré des anciens alchimistes, qui se servaient de cette locution pour désigner le résidu de leur analyse. Par extension, le *caput mortuum* indique une chose de peu valeur et comme réduite à néant.

CASUS. — FORTUNA. — FATUM.

Le hasard et la fortune désignent une cause, produisant un effet qu'on ne pouvait prévoir. Le hasard s'applique particulièrement aux causes naturelles et la fortune aux causes libres. — Le destin est défini par S. Thomas : « L'ordre par lequel les causes secondes produisent les effets voulus par la cause première » (1ᵉ part., q. cxvi, a. 4). Les anciens, sous le nom de destin, désignaient une nécessité inéluctable qui s'imposait à tous. Pour les stoïciens, le destin est l'enchaînement nécessaire des causes, de façon que la seconde découle fatalement de la première, la troisième de la seconde, et ainsi de suite.

CATEGOREMATA.

Les catégorèmes ou prédicables sont les diverses manières dont l'attribut peut être affirmé ou nié du sujet. V. *Prædicabilia.*

CATEGOREMATICA.

Les catégorématifs sont des termes qui ont une signification propre par eux-mêmes, sans le secours d'autre mot. Ex. : Pierre, arbre. V. *Categorematici termini.*

CATEGOREMATICE. — SYNCATEGOREMATICE.

1° Catégorématiquement, c'est-à-dire à l'aide de termes qui ont une signification propre sans le secours d'autre mot ; syncatégorématiquement ou à l'aide de termes qui ne peuvent avoir de signification que joints à d'autres mots. V. *Categorematici termini.* — 2° Catégorématiquement ou chose affirmée telle qu'elle existe ; syncatégorématiquement ou chose affirmée telle qu'elle peut être si elle vient à exister.

CATEGOREMATICI. — SYNCATEGOREMATICI. — MIXTI TERMINI.

Les termes catégorématiques sont ceux qui par eux-mêmes ont une signification propre sans le secours d'autres termes. Ex. : Table, maison. — Les termes syncatégorématiques ou consignificatifs sont ceux qui ont besoin d'être unis à d'autres termes pour avoir une signification. Ex. : Nul, quelque. — Le terme mixte renferme en lui-même un terme catégorématique et un terme syncatégorématique. Ex. : Personne renfermant les deux termes : aucun, homme.

CATEGOREMATICUM. — SYNCATEGOREMATICUM INFINITUM.

L'infini catégorématique est l'infini en acte. — L'infini syncatégorématique est l'infini en puissance. V. *Infinitum actu.*

CATEGORIE.

Les catégories d'Aristote ou prédicaments sont les genres suprêmes d'affirmation ou les diverses séries des notions que l'on peut affirmer ou nier d'un sujet. V. *Prædicamenta.*

CATEGORICA. — HYPOTHETICA PROPOSITIO.

La proposition catégorique est celle dont le sujet et l'attribut sont simples. Ex. : Dieu est bon. — La proposition hypothétique est celle qui renferme quelque condition ou supposition. Les anciens philosophes appelaient hypothétique toute proposition complexe.

CATEGORICUS SYLLOGISMUS.

Le syllogisme catégorique est celui qui n'est composé que de propositions simples. Ex. : Le bon est aimable ; or Dieu est bon ; donc il est aimable.

CAUSA.

Le mot cause : 1° entendu, dans son sens le plus large, sert à désigner un principe quelconque : « Le nom de cause, dit S. Thomas, emporte avec lui l'idée de dépendance d'une chose par rapport à une autre » (1re part., q. xxxiii, a. 1) ; 2° dans un sens moins large, il désigne tout ce qui influe sur un être d'une manière quelconque ; enfin 3° dans le sens propre, la cause est ce qui fait ou opère quelque chose.

CAUSA. — PRINCIPIUM — ELEMENTUM.

L'idée de cause est moins générale que celle de principe. Ce dernier, en effet, est ce dont une chose procède de quelque façon que ce soit. Ex. : L'aurore est le principe du jour ; tandis que la notion de cause emporte ordinairement avec elle la production d'une chose : le point est le principe, l'élément, et non la cause de la ligne. V. *Principium, Causa, Elementum.*

CAUSA ADÆQUATA. — INADÆQUATA.

La cause adéquate est celle qui peut produire son effet sans le secours d'autres causes. Ex. : Le soleil produisant la lumière. — La cause inadéquate est celle qui, pour produire son effet, réclame le secours d'autres causes. Ex.: Deux chevaux traînant un char.

CAUSA CAUSÆ EST CAUSA CAUSATI.

La cause de la cause est aussi la cause de l'effet produit. Il s'agit ici d'une cause qui en produit une autre et qui pousse cette dernière à opérer. Si l'agent se contentait de produire une cause sans la pousser à l'opération, il ne serait pas responsable de l'effet produit. Mais l'agent qui produit une cause qui la pousse à l'action, ou physiquement, ou moralement, est responsable de l'effet produit.

CAUSA EFFICIENS.

La cause efficiente, d'après Aristote, est le principe d'où découle la production d'un effet (II liv. de la Phys., c. 3). La cause efficiente est donc celle qui produit, par son activité, un nouveau degré d'être, substance ou accident. Ex. : L'ouvrier est la cause efficiente de son ouvrage.

CAUSA EFFICIENS. — MATERIALIS. — FORMALIS. — FINALIS.

La cause efficiente matérielle est le sujet sur lequel l'agent opère pour produire son effet. Ex. : Le mar-

5

bre pour le statuaire. — La cause efficiente formelle est l'exemplaire, l'idée à la ressemblance duquel l'effet est produit. Ex. : Le plan de la statue. — La cause efficiente finale est le but que l'agent se propose en produisant son effet. Ex. : Le gain, la gloire.

CAUSA EFFICIENS PHYSICA. — MORALIS.

La cause efficiente physique est celle qui produit son effet par elle-même, directement. — La cause efficiente morale est celle qui pousse à l'action la cause physique. V. *Causa physica.*

CAUSA EST PRIOR SUO EFFECTU, NON QUIDEM SEMPER PRIORITATE TEMPORIS, SED SALTEM PRIORITATE NATURÆ.

Toute cause est antérieure à son effet, non pas toujours d'une priorité de temps, mais du moins d'une priorité de nature. La cause est antérieure d'une priorité de temps lorsqu'elle existe avant l'existence de son effet. Ex. : L'ouvrier par rapport à son travail. La cause est antérieure seulement d'une priorité de nature lorsque la cause et l'effet ont une existence simultanée ; l'une n'est pas avant l'autre. Ex. : Les corrélatifs.

CAUSA EXEMPLARIS.

La cause exemplaire est l'image à l'aide de laquelle l'effet est produit. Ex. : Le plan conçu par l'architecte est la cause exemplaire de l'édifice.

CAUSA EXTRINSECA. — INTRINSECA.

La cause extrinsèque est celle qui est distincte de l'effet qu'elle produit. Ex. : L'architecte est la cause extrinsèque de l'édifice. — Les causes intrinsèques sont les parties constitutives de l'effet produit. Ex. : La chaux, le sable, la pierre sont les causes intrinsèques de l'édifice. La matière et la forme sont les causes intrinsèques de tout être composé.

CAUSA FINALIS.

La cause finale est ce pour quoi une cause produit son effet. V. *Finis*.

CAUSA FINALIS EST CAUSA CAUSARUM.

La cause finale est la raison de toutes les autres causes. La fin étant ce qui pousse l'agent à opérer est la vraie cause de l'opération ; elle seule explique toutes les autres causes employées par l'agent ; elle est donc la cause des causes.

CAUSA FINALIS EST PRIOR IN INTENTIONE, POSTREMA IN EXECUTIONE.

La cause finale est principe dans l'intention et terme dans l'exécution. Elle est principe dans l'intention, puisque c'est elle qui pousse à agir et que sans elle l'action n'aurait pas lieu. Elle est le terme de l'exécution, puisque l'agent n'agit que pour elle et que la fin obtenue cause le repos de l'agent.

CAUSA FORMALIS INTRINSECA. — EXTRINSECA.

La cause formelle intrinsèque est celle qui fait partie d'une chose pour la constituer. Ex. : La forme d'une statue. — La cause formelle extrinsèque est l'exemplaire que la chose imite. Ex. : Le plan d'un édifice. V. *Causa efficiens materialis.*

CAUSA GRATIÆ SACRAMENTALIS.

La cause principale de la grâce sacramentelle est Dieu lui-même. L'humanité de Notre-Seigneur est cause conjointe à la divinité. Le ministre est cause séparée, mais animée, et enfin le sacrement est cause séparée et inanimée. V. S. Thomas (3ᵉ partie, q. LXII, a. 5, et q. LXIV, a. 8).

CAUSA IMMEDIATA. — MEDIATA.

La cause immédiate est celle qui produit son effet sans autre cause intermédiaire. — La cause médiate est celle qui produit son effet par l'intermédiaire d'autres causes. Ex. : Le père est cause immédiate de son fils ; le grand-père est cause médiate de son petit-fils.

CAUSA IN ACTU. — IN POTENTIA.

La cause en acte est celle qui produit son effet. Ex. : Le peintre qui dessine un tableau. — La cause en puissance est celle qui peut produire son effet, bien que de fait elle ne le produise pas. Ex..: Le peintre qui se dispose à dessiner.

CAUSA IN ACTU PRIMO. — IN ACTU SECUNDO.

La cause est dans l'acte premier quand elle est apte à produire son effet. — Elle est dans son acte second quand elle produit son effet.

CAUSA INSTANTANEA. — SUCCESSIVA.

La cause instantanée est celle qui produit son effet sans succession de temps. — La cause successive réclame un certain laps de temps pour produire son effet.

CAUSA INSTRUMENTALIS.

La cause instrumentale est celle qui produit son effet par l'activité de la cause principale. Ex. : Le pinceau pour le peintre, la plume pour l'écrivain. La cause instrumentale possède une action qui lui est propre et naturelle. V. S. Thomas (1re part., q. XLV, a. 5, et q. LXII, a. 1). V. *Causa principalis*.

CAUSA NECESSARIA. — LIBERA.

La cause nécessitée ou fatale est celle qui produit son effet par l'impulsion de sa nature. — La cause libre produit son effet par délibération propre et par choix de la volonté.

CAUSA NECESSARIA SEMPER AGIT QUANDO POTEST.

La cause nécessaire agit toujours dès qu'elle le peut, parce qu'elle est sollicitée irrésistiblement par la fatalité de sa loi.

CAUSA PHYSICA. — MORALIS.

La cause physique est celle qui produit son effet par elle-même et agissant directement. Ex. : L'assassin qui frappe sa victime. — La cause morale coopère à l'action en poussant la cause physique et en l'excitant à agir. Ex. : Le conseiller. — On appelle aussi cause physique celle qui produit fatalement son effet et cause morale celle qui le produit librement.

CAUSA PER SE. — PER ACCIDENS.

La cause propre ou par soi est celle qui produit un effet qu'elle est destinée par sa nature à produire ou qu'elle se propose de produire. — La cause par accident est celle qui produit un effet auquel elle n'est pas destinée par sa nature ou qu'elle ne se proposait pas. Ex. : Un chasseur, croyant tirer sur une bête fauve, tire sur son compagnon et le tue.

CAUSA POSITIVA. — OCCASIONALIS.

La cause positive est celle qui produit l'effet par son activité propre. — La cause occasionnelle est celle en présence de laquelle l'effet est produit ; elle n'est pas nécessaire pour que la cause efficiente agisse, mais elle la sollicite, l'invite à l'action. Ex. : La cloche sonnant l'*Angelus* est la cause occasionnelle de la prière.

CAUSA PRIMA. — SECUNDA.

La cause première est celle qui ne reçoit d'aucune autre cause la vertu d'opérer : Dieu. — La cause seconde est celle qui reçoit de la cause première sa vertu d'agir : La créature.

CAUSA PRINCIPALIS. — INSTRUMENTALIS.

La cause principale produit l'effet par sa vertu propre. Ex.: L'auteur qui écrit un livre.— La cause instrumentale n'agit que par la vertu d'une autre cause, elle concourt à la production de l'effet sous la direction de la cause principale. Ex. : La plume pour l'écrivain. « L'effet, observe S. Thomas, ne ressemble pas à la cause instrumentale, mais à la cause principale » (3° partie, q. LXII, a. 1).

CAUSA PROXIMA. — REMOTA.

La cause prochaine est celle qui produit immédiatement son effet sans autres causes intermédiaires. — La cause éloignée produit son effet par l'intermédiaire d'autres causes. Ex.: Le père est la cause prochaine du fils ; le grand-père, la cause éloignée du petit-fils. V. S. Thomas (in lib. II, sent., dist. XLIII, q. 1.)

CAUSA QUÆ AGIT UT QUOD. — UT QUO.

La cause qui agit comme principe, *ut quod*, est celle qui produit son effet. — La cause qui agit comme moyen, *ut quo*, est celle qui désigne ce par quoi l'effet est produit.

CAUSA SINE QUA NON.

La cause *sine qua non* exprime une condition sans laquelle l'effet ne peut être produit. Ex. : La lumière est la cause *sine qua non* de la lecture ; on ne peut, en effet, lire dans l'obscurité.

CAUSA SUBLATA, TOLLITUR EFFECTUS.

En enlevant la cause, on enlève aussi l'effet. Axiome. L'effet ne peut être produit après la disparition de la cause.

CAUSA TOTALIS. — PARTIALIS.

La cause totale est celle qui se suffit à elle seule pour produire son effet. — La cause partielle est celle qui, pour produire son effet, réclame le concours d'autres causes.

CAUSA UNIVERSALIS. — PARTICULARIS.

La cause universelle peut produire plusieurs effets d'espèces différentes. — La cause particulière ne peut produire que des effets de même espèce. — Selon d'autres auteurs, la cause universelle est celle qui influe sur toutes les causes ; la cause particulière, celle qui n'exerce son influence que sur quelques causes.

CAUSA UNIVOCA. — ÆQUIVOCA. — ANALOGA.

La cause univoque est celle qui produit un effet de même nature qu'elle-même. Ex. : La lumière produisant la lumière. — La cause équivoque produit des effets qui ne sont pas de même nature qu'elle-même, mais qui lui conviennent suivant la même raison générique. Ex. : Le soleil produisant la lumière et la chaleur. — La cause analogue est celle qui n'a avec l'effet produit qu'une ressemblance de rapport, de relation. V. S. Thomas (1re partie, q. IV, a. 3, et q. CV, a. 1).

CAUSÆ ORDINATÆ.

Les causes sont subordonnées, lorsque l'une ne peut agir sans l'autre. Ex. : Le pianiste fait mouvoir, par ses doigts, les touches du piano et les marteaux qui frappent sur les cordes de l'instrument.

CAUSATUM.

Le causé ou l'effet produit par la cause.

CERTITUDO METAPHYSICA. — PHYSICA. — MORALIS.

La certitude métaphysique est celle qui est fondée sur l'essence même des choses: Le tout est plus grand que la partie. — La certitude physique est celle qui est fondée sur la constance des lois de la nature : Le feu nous réchauffe. — La certitude morale est celle qui est fondée sur les lois qui atteignent la volonté de l'homme : Les vieillards sont prudents.

CERTITUDO OBJECTIVA. — SUBJECTIVA.

On prend ces mots en deux sens différents : 1° La certitude subjective est l'adhésion ferme de notre esprit à la vérité connue; la certitude objective est l'aptitude que possède l'objet de provoquer notre adhésion. 2° D'autres philosophes, en particulier Kant, ont appelé certitude subjective celle dont l'objet se trouve en nous, et certitude objective celle dont l'objet est placé hors de nous.

CERTITUDO PHILOSOPHICA. — VULGARIS.

La certitude est appelée philosophique lorsque notre esprit connaît explicitement les motifs de notre adhésion à la vérité connue. — La certitude est dite vulgaire lorsque notre esprit ne connaît pas d'une manière explicite et réflexe la raison de notre adhésion. La première reçoit encore le nom de certitude scientifique, réflexe ; la seconde, celui de certitude spontanée, directe.

CIRCULUS LOGICUS.

Le cercle logique ou cercle vicieux est un sophisme

qui consiste à prouver une première proposition par une seconde qui elle-même est ensuite démontrée par la première. L'esprit tourne alors dans un vrai cercle. Cet argument prend le nom de *circulatio, circulus vitiosus, formalis.*

CIRCULUS MATERIALIS.

Circulus materialis, appelé aussi *regressus demonstrationis,* est le raisonnement qui consiste à prouver l'existence d'une cause par ses effets et à descendre ensuite de la connaissance de la cause à une connaissance plus approfondie des effets. V. *Regressus.*

CIRCUMOBSISTENTIA.

C'est la résistance que les corps éprouvent de la part des autres corps qui les entourent.

CIRCUMSCRIPTIVE.

D'une façon circonscriptive. V. *Ubi circumscriptivum.*

COACTIO.

La coaction est une contrainte, une violence, une force extérieure contre les inclinations de notre volonté. «Il y a deux sortes de coaction, dit S. Thomas, l'une absolue: la violence ; l'autre conditionnelle : la crainte » (1ª 2ᵉᵉ, q. vi, a. 6). V. *Necessitas ab extrinseco.*

CŒLUM.

Le ciel. D'après les anciens philosophes, l'univers était divisé en deux régions distinctes : la région céleste, le ciel, où des corps simples et inaltérables suivent, avec docilité, la voie immuable et circulaire que le Maître du monde leur a tracée ; la région sublunaire, où l'on trouve les quatre éléments et les corps qui en sont composés ; ces corps sont altérables et susceptibles de mouvement rectligue. — La subtance des corps célestes ne provient pas des quatre éléments, mais d'une cinquième essence ou quintessence plus noble, plus pure et plus active. « Le ciel dit S. Thomas, a une matière d'une nature incorruptible et plus parfaite que celle des quatre éléments » (1re part., q. x, a. 5 ; q. LXVI, a. 2, q. XCVII, a. 1). — La plupart des scolastiques admettaient un ciel immobile, appelé ciel empyrée, séjour des bienheureux. V. S. Thomas (1re partie, q. LXVI, a. 3 ; q. CII, a. 2 ; q. CXII, a. 1) ; et au-dessous du ciel empyrée, un certain nombre de cieux mobiles. Raban Maur en compte sept, d'autres en veulent neuf ; plusieurs ajoutent un dixième ciel, appelé ciel de tremblement. V. S. Thomas (1re partie, q. LXVIII, a. 4). — « Le ciel est mû par une intelligence ; il se meut lui-même en ce sens qu'il a un moteur intrinsèque » (1re partie, q. LXX, a. 3). — « Le moteur du ciel supérieur peut mouvoir le ciel inférieur, mais non réciproquement » (1re partie, q. CXVII, a. 4). — « Le ciel agit par lui-même dans les corps de tous les êtres inférieurs, mais il n'agit dans l'âme et dans ses puissances que par accident ; il n'agit sur l'intellect et la volonté qu'indirectement » (1ʳᵉ partie, q. LXXXIII, a. 1 ; CXV, a. 3 ; q. CXVI, a. 1). L'ancienne philosophie enseignait que la substance des cieux était incorruptible, que les cieux pouvaient être fluides sans perdre leur incorruptibilité, mais que plus probablement les cieux étaient solides.

COGITATIVA.

La faculté cogitative est celle qui perçoit dans les objets sensibles leurs propriétés utiles ou nuisibles. V. *Æstimativa*.

COGNITIO ABSTRACTIVA.

La connaissance par abstraction est la connaissance que nous avons de l'essence d'une chose en faisant abstraction de l'existence, ou la connaissance d'une partie de l'essence en faisant abstraction des autres parties essentielles.

COGNITIO COMPREHENSIVA.

La connaissance compréhensible est la connaissance complète, adéquate, de l'objet. « Comprendre, dit S. Thomas, c'est saisir une chose sous tous les aspects qu'elle offre à la connaissance » (1ʳᵉ partie, q. XII, a. 7, et q. XIV, a. 3).

COGNITIO INTUITIVA.

La connaissance intuitive est la connaissance d'un objet qui se manifeste immédiatement à nous. Ex. : La connaissance que nous avons des objets qui nous entourent et que nous percevons directement.

COGNITIO POTENTIALIS.

La connaissance potentielle ou virtuelle d'une chose n'en est que la connaissance implicite. Ex.: Le philosophe connaissant les prémisses d'un argument a la connaissance potentielle de la conclusion avant même que cette dernière ne soit tirée.

COGNITIO QUIDDITATIVA.

La connaissance quidditative est la connaissance de l'essence des choses. V. *Quidditas.*

COGNITIONIS THEORIA SCHOLASTICA.

La théorie scolastique de la connaissance se trouve admirablement résumée dans les lignes suivantes de S. François de Sales : « Quand nous regardons quelque chose, quoiqu'elle soit présente, elle ne s'unit pas à nos yeux elle-même, mais seulement leur envoie une certaine représentation ou image d'elle-même, que l'on appelle espèce sensible, par le moyen de laquelle nous voyons.. Et quand nous contemplons ou entendons quelque chose, ce que nous entendons, ne s'unit pas non plus à notre entendement, sinon par le moyen d'une autre représentation et image très délicate et spirituelle, que l'on nomme espèce intelligible. Mais encore, ces espèces, par combien de détours et de changements viennent-elles à notre entendement ? Elles abordent au sens extérieur, de là, passent à l'intérieur par la phantaisie (imagination), de là à l'entendement actif, et viennent enfin au passif, à ce que passant par tant d'estamines et sous tant de limes, elles soient par ce moyen purifiées, subtilisées et affinées et que, de sensibles, elles soient intelligibles » (Traité de l'amour de Dieu, liv. III, chap. IX). V. *Intellectus*. — *Species*.

COMMENSURATIVE. — PRÆSUPPOSITIVE.

Commensurativement; présuppositivement. V. *Præsuppositive*.

COMMISSIVUM DECRETUM.

C'est le nom donné au décret de Dieu qui a prévu de concourir à la production des effets dans les causes libres. Ce décret confie (*committit*) à l'agent sa détermination.

COMPLEXUS. — AMBITUS.

La compréhension d'une idée est la collection des propriétés, des éléments qui constituent cette idée. — L'extension (*ambitus*) d'une idée est le nombre d'individus auxquels cette idée s'applique.

COMPOSITIONIS FALLACIA.

L'artifice de composition est un sophisme qui consiste à accorder en même temps à un sujet des attributs qui ne lui conviennent que séparément, ou à admettre des propositions conjointement vraies, alors qu'elles ne sont vraies que prises séparément. Ex. : Vous avez mangé ce que nous vous avons donné ; or, nous vous avons donné un lapin vivant ; donc vous avez mangé un lapin vivant. V. *Composito sensu.*

COMPOSITO. — DIVISO SENSU.

Une proposition est prise dans le sens composé lorsque l'attribut convient au sujet qui reste tel qu'il est énoncé dans la proposition ; au sens divisé lorsque le sujet ne reste pas tel qu'il est énoncé dans la proposition. Ex. : Le pécheur peut être saint. Cette proposition est vraie dans le sens divisé, parce qu'alors elle signifie que le pécheur cessant d'être tel et étant converti peut être saint ; mais elle est fausse au sens composé parce qu'alors elle signifie que le pécheur restant tel peut être saint. — Ou encore : Une proposition est vraie au sens divisé lorsque l'attribut convient au sujet suivant une certaine relation ou hypothétiquement. Ex. : Le paralytique ne peut marcher, dans l'hypothèse qu'il ne soit pas guéri ; une proposition est vraie au sens composé lorsqu'elle ne sous-entend ni relation, ni hypothèse. On dit encore qu'une proposition est vraie au sens composé lorsqu'elle est déduite d'autres propositions. — Les propositions de sens composé et de sens divisé sont des propositions modales, qui expriment la manière dont l'attribut et affirmé du sujet. Si un nom unit le sujet tel qu'il est à l'attribut, la proposition est de sens composé ; si le mode est exprimé par un adverbe ou un adjectif unissant à l'attribut le sujet non pas tel qu'il est en général, mais tel qui se trouve actuellement, dans un temps déterminé ou sous une certaine relation, la proposition est de sens divisé. V. *Divisionis fallacia.*

COMPOSITUM NATURALE. — SUPERNATURALE

Le composé naturel est celui qui possède plusieurs parties réunies par la nature même des choses pour faire un tout complet — Le composé surnaturel est celui qui possède plusieurs parties réunies entre elles par une force supérieure à la nature.

COMPOSITUM PHYSICUM. — METAPHYSICUM.

Le composé physique est celui qui possède des parties réellement distinctes entre elles. — Le composé métaphysique est celui qui possède des parties qui ne sont distinctes entre elles que rationnellement par les opérations de notre esprit.

COMPOSITUM SUBSTANTIALE. — ACCIDENTALE.

Le composé substantiel est celui qui possède en lui-même plusieurs substances incomplètes le constituant. Ex. : L'homme. — Le composé accidentel est celui qui résulte de la réunion du sujet et de ses accidents ou de la réunion de plusieurs substances complètes. Ex. : Un tas de pierres.

CONATUS.

Conatus, appelé aussi *appetitus naturalis,* inclination, tendance, appétit naturel, est le penchant naturel qui porte les facultés de l'âme à produire leurs opérations. Ex. : La vue tend à voir, l'ouïe à entendre. Cette tendance a aussi reçu le nom d'intention, car elle porte les facultés vers leur fin, qui est l'opération.

CONCEPTIO INTELLECTUALIS.

La conception intellectuelle est la connaissance de l'objet par notre intelligence. « Tout homme, dit S. Thomas, connaissant intellectuellement, engendre par là même au dedans de lui quelque chose qui est la conception de l'objet (1re part., q. XXVII, a. 1).

CONCEPTUS FORMALIS. — OBJECTIVUS.

Le concept formel est le verbe mental que notre esprit enfante dans sa connaissance. — Le concept objectif est l'objet auquel répond le concept formel.

Ex. : L'idée de cet édifice exprimée dans mon esprit est un concept formel ; l'édifice est un concept objectif.

CONCEPTUS REI PROPRIUS EX COMMUNIBUS.

Le concept propre d'une chose par ses attributs communs consiste à concevoir cette chose au moyen de comparaison, de symbole, d'image ou de négation. Ex. : Le concept que nous avons de notre âme quand nous disons qu'elle est immatérielle, immortelle.

CONCEPTUS REI PROPRIUS EX PROPRIIS.

Le concept propre d'une chose par ses attributs propres consiste à concevoir cette chose telle qu'elle est en elle-même, sans comparaison, sans négation, sans image. Ex. : Le concept de la blancheur à la vue d'un mur blanc.

CONCRETUM. — ABSTRACTUM.

Le concret exprime une qualité unie au sujet, un composé de forme et de sujet. Ex. : Ce mur blanc. — L'abstrait exprime une qualité considérée comme séparée du sujet. Ex. : La blancheur.

CONCRETUM PHYSICUM. — METAPHYSICUM.

Le concret physique est celui dans lequel la qualité, la forme se distingue du sujet. Ex. : La blancheur se distingue du mur. — Le concret métaphysique est celui dans lequel la qualité, l'attribut ne se distingue pas du sujet. Ex. : Dieu infiniment sage : l'infinie sagesse ne se distingue pas de Dieu, c'est Dieu lui-même.

CONCURRERE DIRECTIVE. — IMPERATIVE.

Concourir d'une manière directive, c'est indiquer de quelle façon on doit faire l'action. — Concourir d'une manière impérative, c'est commander de faire l'action.

CONCURRERE EFFICIENTER. — MORALITER.

Concourir efficacement c'est exécuter l'action ou coopérer directement, physiquement, à l'exécution de l'acte. — Concourir moralement c'est conseiller, exciter l'agent à opérer.

CONCURSUS DIVINUS.

Le concours divin est l'influx de la cause première sur les causes secondes. Cet influx est de deux sortes : 1° *L'influx de conservation*, lequel est l'assistance continuelle de Dieu en vertu de laquelle les créatures persistent dans leur existence. Tous les philosophes spiritualistes admettent la nécessité de la conservation divine pour que les créatures puissent persévérer dans leur existence. 2° *L'influx d'opération*, lequel est l'acte de cause première agissant comme cause efficiente dans les opérations des causes secondes.

La manière dont Dieu influe sur les actes des causes secondes n'est pas expliquée de la même façon par tous les philosophes. — Les uns admettent seulement le concours médiat, *concursus mediatus* : Dieu en créant les êtres leur a donné, dès le principe, la faculté d'opérer ; il leur conserve cette faculté pendant toute la durée de leur existence. En cela seul consisterait le concours divin. C'est l'opinion de Durand (ıı part, dist. 1, q. v). Mais ce sentiment est universellement rejeté. Il faut, en effet, admettre, en outre, le concours immédiat, *concursus immediatus* : Dieu opère avec la cause seconde et produit, avec cette dernière, un seul et même effet. Mais de quelle nature est ce concours immédiat ? La réponse à cette question divise les philosophes catholiques en deux grandes classes : les molinistes et les thomistes. Les premiers enseignent que le concours divin est simplement simultané; les seconds, qu'il est prévenant et prédéterminant. — D'après Molina, Dieu agit avec la cause seconde par une sorte de coopération partielle. Il l'aide, l'accompagne dans l'action, mais ne la prévient pas; il concourt simultanément avec la cause seconde à la production de l'effet, lequel provient de l'action combinée de la cause première et de la cause seconde : ainsi le pilote qui tire son bateau avec son compagnon; ainsi deux chevaux traînant un char. Ce système est connu dans l'école sous le nom de molinisme ou concours simultané. — D'après les thomistes, Dieu agit directement sur les causes secondes, les détermine et les applique à l'action, il les meut activement, direcement, physiquement, c'est une motion physique; de plus, l'action de Dieu qui applique la cause seconde à l'opération, étant antérieure à l'opération et la prévenant, se nomme prémotion physique. V. *Præmotio physica*.

CONNOTARE. — CONNOTATA.

Le verbe *connotare* signifie désigner une chose à l'aide d'une autre ; n'avoir pas de signification propre, mais réclamer, pour cela, le secours d'un autre terme. — Les choses *connotata* sont les corrélatifs qui se supposent mutuellement.

CONNOTATIVA.

Les connotatifs ou adjectifs sont des termes qui désignent la manière d'être de la substance. Ex. : Petit, grand. V. *Substantivi termini*.

CONSCIENTIA PSYCHOLOGICA. — MORALIS.

La conscience psychologique est la faculté que possède notre âme de connaître les phénomènes intellectuels dont elle est le théâtre, à l'instant même où ils s'accomplissent. Ce n'est pas une faculté proprement dite, c'est l'intellect exerçant son action sur les phénomènes psychologiques intellectuels. Il faut bien se garder de confondre la conscience avec le sens commun, V. *Sensus communis*, ni avec le sens intime. — Selon les philosophes modernes, le sens intime est la faculté que possède l'âme de connaître tous les phénomènes psychologiques, soit sensitifs soit intellectuels ; tandis que, selon les scolastiques, le sens commun perçoit les phénomènes psychologiques sensitifs et la conscience les phénomènes psychologiques intellectuels. — La conscience morale est le jugement pratique nous avertissant de la moralité de nos actes. V. S. Thomas (1ʳᵉ part., q. LXXIX, a. 13).

CONSCIENTIA ACTUALIS. — HABITUALIS.

La conscience actuelle est la connaissance réfléchie que l'âme a d'elle-même et de ses opérations. « A raison de son immatérialité, notre âme, dit S. Bonaventure, a le pouvoir de se replier sur elle-même par la réflexion » (in lib. II Sent. distinct. xxv, p. 1, a. 1, q. 3). — La conscience habituelle est la connaissance spontanée que l'âme a d'elle-même et de ses opérations. C'est plus qu'une aptitude ou une inclination, c'est une vraie connaissance qui vient de ce que l'âme est toujours présente à elle-même. « L'esprit, dit S. Augustin, ne connaît rien tant que ce qui lui est présent ; or, rien ne lui est plus présent que lui-même » (De Trinit., lib. xiv, c. 4. n. 7). Nous disons d'un mathématicien : Il a la connaissance habituelle des mathématiques, bien que, dans le moment présent, il s'occupe à autre chose. Ce n'est pas une simple disposition à apprendre, mais une vraie connaissance, qui, au moindre appel, devient réfléchie.

CONSIGNIFICATIVA.

Les consignificatifs ou syncatégorématiques sont les termes qui ont besoin d'être unis à d'autres termes pour avoir une signification. V. *Categorematici termini.*

CONTACTUS PHYSICUS. — VIRTUTIS.

Le contact physique ou de quantité consiste en ce que les diverses parties d'un être corporel s'appliquent aux diverses parties d'un autre être corporel. Ex. : Le contact qui existe entre le corps humain et le vêtement qui le recouvre. — Le contact virtuel ou d'action consiste en ce qu'un être exerce son action sur un autre être. Ex. : Le contact de l'âme sur le corps. « Il y a deux sortes de contacts, dit S. Thomas, un contact de quantité et un contact de vertu ; le corps ne peut être touché de la première manière que par un autre corps, mais il peut être touché de la seconde manière par l'être incorporel qui meut le corps (1re part., q. LXXV, a. 2-3).

CONTINERE VIRTUALITER. — FORMALITER. — EMINENTER.

Renfermer quelque chose virtuellement, c'est avoir la puissance de la produire ; formellement, c'est posséder la chose en soi actuellement et réellement ; éminemment, c'est jouir d'une perfection égale ou supérieure.

CONTINUI PARTES ALIQUOTÆ.

Les parties aliquotes du continu (V. *Continuum*) sont les parties qui, répétées un certain nombre de fois, égalent le tout. Ex. : Le décimètre répété dix fois égale le mètre.

CONTINUI PARTES PROPORTIONALES.

Les parties proportionnelles du continu sont les parties qui croissent suivant une progression déterminée.

CONTINUI PUNCTA COPULANTIA.

Les points unissant le continu étaient, suivant les anciens philosophes, des]] points indivisibles qui réunissaient entre elles les diverses parties du continu.

CONTINUUM.

Le continu est ce dont toutes]les parties sont réunies entre elles par un lien intime de façon à former un tout. Il y a trois sortes de continu : le mouve-

ment, le temps, la quantité. Aristote définit le continu :
Ce qui est divisible en parties toujours divisibles.
Les scolastiques distinguent dans le continu les indivisibles continuatifs et les indivisibles terminatifs ;
les premiers, appelés aussi copulatifs, servent à unir
les parties du continu ; les seconds à les terminer et
à les distinguer, à empêcher que les parties contiguës
ne se compénètrent et ne se confondent. V. *Quantitas
continua, discreta.*

CONTINUUM EST INDIVISIBILE IN ACTU SED DIVISIBILE IN POTENTIA.

Le continu est indivisible en acte et divisible en
puissance. Ce principe scolastique, emprunté à la
Somme de S. Thomas (1re part., q. LXXXII, a. 4, c.),
manifeste la doctrine de l'école sur la composition
des corps. Les diverses parties d'un corps ne sont pas
distinctes en acte, mais au contraire elles sont réunies intimement de façon à former un tout caractérisé par une seule forme substantielle. V. *Quantitas
continua.*

CONTINUUM PERMANENS, — SUCCESSIVUM.

Le continu permanent est celui dont les parties
intégrantes existent simultanément. Ex. : Une pierre.
— Le continu successif est celui dont les parties se
succèdent sans interruption. Ex. : Le mouvement,
le temps.

CONTRAPOSITIO.

La contreposition des propositions est une sorte de conversion. V. *Conversio*. Elle a lieu lorsque la proposition convertie perd sa détermination propre et prend un sens indéterminé par l'addition de la négation aux deux termes transposés. On ne doit appliquer la contreposition qu'aux propositions universelles affirmatives et aux propositions particulières négatives. V. *Conversio per contrapositionem.*

CONTRARIÓRUM CONTRARIÆ SUNT CAUSÆ.

Les causes des contraires sont contraires. Axiome. Observons que les causes libres peuvent successivement produire des effets contraires. Ex.: Un homme peut aimer et puis haïr la même personne.

CONVERSIO.

La conversion est le changement qui se produit dans une proposition lorsque les termes sont transposés, sans que le sens soit altéré, l'attribut devenant le sujet, et le sujet l'attribut. Ex. : L'homme est un animal raisonnable, l'animal raisonnable est l'homme. — En général, la conversion est le changement d'une chose en une autre. Ex. : Le bois se changeant en cendres.

CONVERSIO SIMPLEX. — PER ACCIDENS.

La conversion est simple lorsque la proposition

convertie conserve, après la transposition des termes, la même quantité et la même qualité. Ex.: Quelques hommes sont saints, quelques saints sont hommes. — La conversion par accident a lieu lorsque la proposition convertie perd sa quantité. Ex.: Tout homme est animal ; quelque animal est homme.

CONVERSIO PER CONTRAPOSITIONEM.

La conversion par contraposition a lieu lorsque, après la transposition, les termes qui étaient définis deviennent indéfinis à l'aide d'une particule négative Ex. : Tout homme est animal ; tout non animal est non homme.

CONVERTUNTUR.

Se convertissent. Ce verbe est fréquemment employé au sujet des choses qui s'égalent, s'identifient. Ex.: La bonté et l'être se convertissent, c'est-à-dire s'identifient. L'être est le bon, et le bon est l'être. « Dans les choses, dit S. Thomas, chacune a un degré de bonté égal à son être, car la bonté et l'être se convertissent mutuellement » (1re de la 2e, q. XVIII, a. 1, c.) Deux choses se convertissent lorsque, l'une étant le sujet de la proposition et l'autre l'attribut, on peut, en restant dans la vérité, les changer toutes deux, mettre attribut celle qui était sujet, et sujet celle qui était attribut.

COPULA.

Le lien de la phrase ou le verbe substantif qui unit dans la proposition l'attribut au sujet. « Le verbe être, dit S. Thomas, forme la copule verbale » (in lib. v Met., lect. IX.).

CORPORA SIVE CORPORALIA PER ATTRIBUTIONEM.

Les corps ou les corporels par attribution étaient, suivant les anciens philosophes, les accidents qui ne peuvent exister que dans les êtres corporels.

CORPUS.

Le corps est une substance composée de matière première [et de forme substantielle. V. S. Thomas (1re part., q. 3, a. 1 ; q. VII, a. 3 ; q. XVIII, a. 2 ; q. LXVII, a. 2 ; q. LXV, a. 1).

CORPUS MATHEMATICUM. — PHYSICUM.

Le corps mathématique est le corps considéré en lui-même, abstractivement. — Le corps physique est le corps considéré tel qu'il existe dans la nature.

CREATIO. -- PRODUCTIO.

« La création, dit S. Thomas, est l'émanation d'un être tiré tout entier du non-être ou du néant » (1re part., q. XLV, a. 1). — La production est la transformation d'un être déjà existant. Cette transformation est substantielle ou accidentelle suivant que l'être transformé reçoit une nouvelle forme substantielle ou simplement une forme accidentelle. On a donné le nom de genération à la transformation substantielle, et celui d'altération à la transformation accidentelle.

CREATIO ACTIVA. — PASSIVA.

La création active est l'acte par lequel Dieu crée une chose. — La création passive est l'effet de la création active. V. S. Thomas (1re part., q. xlv, a. 3).

CRITERIOLOGIA.

La critériologie, ou l'étude sur les critères, est le traité de la certitude.

CRITERIUM.

Le critère, jugement de vérité, peut désigner soit le moyen, l'instrument qui nous sert à acquérir des notions certaines, soit la raison même de notre certitude. En général, le critère est ce qui sert à discerner une chose d'une autre ; le critère de vérité est le moyen de discerner la vérité de l'erreur.

CRITERIUM INTRINSECUM. — EXTRINSECUM.

Les critères intrinsèques sont : la perception des sens, le sens commun, la conscience, la mémoire, la raison intuitive, la raison inductive et la raison déductive. — Les critères extrinsèques ou d'autorité sont: le témoignage divin ou révélation, le témoignage humain ou tradition, le consentement unanime des peuples. Tous ces critères, revêtus des conditions requises, produisent la certitude.

D

DEFINITIO.

La définition est l'explication de la nature d'une chose ; c'est, dit Aristote, l'expression de l'essence (Metaphysi., vii, a. 5). Ex. : L'homme est un animal raisonnable.

DEFINITIO CAUSALIS.

La définition causale est l'explication de la nature d'une chose par les causes qui l'ont produite. Ex. : L'homme a été créé par Dieu pour la vie éternelle.

DEFINITIO ESSENTIALIS. — DESCRIPTIVA.

La définition essentielle est l'explication de la nature d'une chose par le genre prochain et la différence. Ex. : L'homme est un animal raisonnable. — La définition descriptive est l'explication de la nature d'une chose par ses propriétés, soit essen-

7

tielles, soit accidentelles. Ex. : L'âme humaine est une substance simple, spirituelle et immortelle.

DEFINITIO EXTRINSECA. — INTRINSECA.

La définition extrinsèque est l'explication de la nature d'une chose par ses principes extrinsèques : Ex. : L'homme est une créature que Dieu a formée à son image et à sa ressemblance. — La définition intrinsèque est l'explication de la nature d'une chose par ses principes intrinsèques. Ex. : L'homme est composé d'un corps organique et d'une âme raisonnable.

DEFINITIO NOMINALIS. — REALIS.

La définition nominale ou étymologique est l'explication du mot qui exprime la chose. Ex. : L'âme est un souffle immatériel. — La définition réelle est l'explication de la nature ou des propriétés de l'objet. Ex. : L'homme est une créature composée d'une âme et d'un corps.

DEFINITIO POSITIVA. — NEGATIVA.

La définition positive est celle qui exprime la nature d'une chose par des termes qui affirment des qualités ou des propriétés. Ex. : L'âme est raisonnable. — La définition négative est celle qui exprime la nature d'une chose par des termes qui marquent une négation. Ex. : L'âme est immatérielle, immortelle.

DÉFINITIVE

D'une manière définitive. V. *Ubi circonscriptivum.*

DEMONSTRATIO REGRESSIVA, CIRCULARIS.

La démonstration régressive ou circulaire. V. *Regressus.*

DIALECTICUS SYLLOGISMUS.

Le syllogisme dialectique est celui dont les prémisses sont probables, c'est-à-dire prises en dehors de l'essence des choses : Ex. : Les vieillards sont prudents. Or, Pierre et Paul sont vieillards ; donc ils sont prudents. « L'opinion qui résulte du syllogisme dialectique, dit S. Thomas, ouvre la voie à la science qui s'acquiert par la démonstration » (III part., q. IX, a. 3).

DIARTHROSIS.

La diarthrose est la désarticulation des os. V. *Arthrosis.*

DIFFERENTIA.

La différence convient aux êtres qui ont une même qualité essentielle diversement spécifiée. Ex. : L'homme et le lion. V. *Similitudo.*

DIFFERENTIA COMMUNIS. — PROPRIA. — MAXIME PROPRIA.

La différence commune désigne un accident séparable du su; t et qui fait différer une chose d'une autre ou une chose d'elle-même en des temps divers. Ex. : Pierre et Paul sont différents : l'un joue, l'autre étudie. — La différence propre désigne un accident non séparable du sujet et qui fait différer le sujet de tout autre. Ex. : Le cigne et le corbeau différent : l'un est blanc, l'autre est noir. — La différence très propre exprime quelque propriété essentielle par laquelle les choses se distinguent entre elles. Ex. : L'homme et le lion différent parce que l'un est doué de raison, l'autre ne l'est pas.

DIFFERENTIA SPECIFICA.

La différence spécifique exprime cette partie de l'essence qui distingue l'espèce dont il s'agit de toutes les autres espèces renfermées dans le même genre. Ex. : La raison est la différence spécifique de l'homme par rapport à l'animal.

DIFFERENTIA SUPREMA. — MEDIA. — INFIMA.

La différence suprême, moyenne, infime. V. *Arbor Porphyriana.*

DIRECTE. — EXECUTIVE. — APPREHENSIVE.

Directement, exécutivement, appréhensivement. V. *Apprehensive.*

DIRECTE. — INDIRECTE. — RÉFLEXE.

Un chose est connue directement lorsqu'elle est connue immédiatement en elle-même ; elle est voulue directement lorsqu'elle est ce que l'on se propose, lorsqu'elle est désirée en elle-même. — Une chose est connue ou voulue indirectement lorsqu'elle n'est pas connue ou voulue en elle-même, mais, par accident, en raison d'une autre chose. — Une chose est connue d'une façon réflexe lorsque l'esprit exerce son action sur une connaissance déjà acquise pour compléter cette dernière et l'acquérir plus parfaitement. On dit encore qu'une chose est connue d'une façon réflexe lorsqu'on la connaît par une autre qui en donne l'idée. Ex. : Je connais cet homme par son portrait.

DISCURSIVE.

Au moyen du raisonnement et de la déduction. Ex. : L'intelligence voit la vérité des premiers principes d'une manière immédiate et intuitive; la raison au contraire, à l'aide du raisonnement, voit la vérité des conclusions d'une manière médiate et discursive.

DISPOSITIO. — HABITUS.

La disposition et l'habitude sont deux espèces de qualités (V. *Qualitas*) qui inclinent le sujet à être bon ou mauvais, à agir bien ou mal. — L'habitude est intimement inhérente au sujet. Ex. : La santé, la vertu. La disposition n'est inhérente que faiblement. Ex. : Le désir, le soupçon. V. S. Thomas (1re part., q. xxii, a. 1, et 1re de la 2e ; q. xlix, a. 1, 2 et 3).

DISTINCTIO. — IDENTITAS.

L'identité est la propriété d'un être qui demeure conforme à lui-même ; c'est l'unité de l'être se conservant et restant le même au sein des changements de son existence. — La distinction ou absence d'identité consiste en ce qu'une chose diffère d'une autre parce qu'elle n'a pas le même être. Ex. : Une pierre, un arbre. V. S. Thomas (1re part., q. xxx, a. 3 ; q. xlvii, a. 2).

DISTINCTIO ABSOLUTA. — DISTINCTIO MODALIS.

La distinction absolue est celle qui existe entre deux choses complètement distinctes entre elles. Ex. : Entre Pierre et Paul la distinction est absolue. — La distinction modale est celle qui existe entre une chose et ses manières d'être. Ex. : Entre la substance et ses accidents.

DISTINCTIO RATIONIS RATIOCINANTIS. — RATIONIS RATIOCINATÆ.

Ce sont deux distinctions logiques (V. *Distinctio realis*). La première n'existe que dans l'intellect qui raisonne, elle n'est pas fondée sur la nature des choses. Ex. : Si l'on voulait distinguer entre l'homme et l'animal raisonnable. — La seconde est fondée sur la nature des choses. Ex. : Si l'on distingue dans l'âme humaine le principe négatif, le principe sensitif, le principe intellectif. V. S. Thomas (in lib. 1. Sent., distinct. XXII, a. 3, et dist. XXXIII, q. 1, a. 1).

DISTINCTIO REALIS. — LOGICA

La distinction réelle est celle qui existe entre plusieurs être qui diffèrent entre eux et par eux-mêmes. Ex. : Le père et le fils diffèrent entre eux réellement. — La distinction logique ou de raison est celle qui n'existe que dans notre esprit qui divise une chose unique en elle-même en plusieurs concepts. Ex. : Si l'on distingue dans l'homme l'animalité et la raison.

DISTINCTIO REALIS MAJOR. — REALIS MINOR.

La distinction réelle principale est celle qui existe entre des êtres complètement distincts entre eux ou entre des substances unies, mais qui peuvent être séparées. — La distinction réelle plus petite est celle qui existe entre une chose et son mode, sa manière d'être, entre une substance et ses accidents. Ex. : Entre un mur et sa couleur, ses dimensions.

DISTINCTIO VIRTUTIS.

La distinction virtuelle est celle qui a pour objet un être possédant plusieurs puissances ou un être qui a la valeur de plusieurs êtres qu'on peut distinguer entre eux. Ex. : L'âme, bien que simple et une, est virtuellement multiple par ses facultés ; un mètre vaut 100 centimètres. En Dieu les Personnes divines sont distinctes entre elles d'une opposition de relations ; elles ne sont donc ni différentes, ni diverses.

DISTRIBUTIO ABSOLUTA. — DISTRIBUTIO ACCOMMODATA.

La répartition est absolue lorsque l'attribut convient à l'espèce entière et à chaque individu de l'espèce sans aucune exception. Ex. : Tous les hommes sont doués de raison. — La répartition est accommodée lorsque l'attribut, convenant à l'espèce, est affirmé des individus avec quelque exception et suivant une certaine différence proportionnelle. Ex. : Tous les vieillards sont prudents.

DIVERSITAS.

Les diversité convient aux êtres qui n'ont pas la même essence et dans lesquels on ne considère aucune propriété commune. V. *Similitudo*.

DIVISIBILITAS.

La divisibilité est la propriété que possèdent les corps de pouvoir être partagés et séparés en plusieurs parties. Les corps considérés mathématiquement sont divisibles à l'infini, car la quantité, considérée en elle-même, peut toujours être augmentée ou diminuée. Ex. : On peut toujours doubler les côtés d'un polygone régulier inscrit ; le périmètre ne coïncidera avec la circonférence que lorsque la division atteindra l'infini. Les corps considérés physiquement, tels qu'ils existent dans la nature, ne peuvent être divisibles à l'infini, car tout corps n'existe que doué d'une certaine mesure ayant une extension déterminée ; lors donc que la division arrivera à la limite de la mesure réclamée par le corps, celui-ci cessera d'exister, sa forme substantielle n'ayant plus la quantité nécessaire qu'elle doit spécifier.

DIVISIO ACTUALIS. — POTENTIALIS. — ACCIDENTALIS.

La division actuelle consiste à distinguer un tout en ses parties constitutives, que ces parties soient physiques, métaphysiques ou intégrantes. Ex. : La division qui existe entre l'âme et le corps, entre le genre et l'espèce, entre le corps et ses membres. — La division est potentielle lorsqu'on distingue dans un être les divers éléments qui sont compris sous lui. Ex. : La division qui existe entre une idée universelle et les idées particulières qu'elle renferme. — La division est accidentelle lorsqu'on distingue un sujet de ses accidents ou les accidents entre eux. Ex. : La division qui existe entre un mur et sa couleur, ses dimensions.

DIVISIO UNIVOCA. — DIVISIO ANALOGA.

La division de l'universel est univoque lorsque

l'universel convient à tous les particuliers qu'il renferme. Ex. : La notion animal se divise univoquement en animal raisonnable et animal privé de raison. — La division est analogue lorsque l'universel divisé ne convient que suivant une certaine relation à tous les particuliers qu'il renferme. Ex. : Le mot pied se divise analogiquement en pied d'animal, pied de montagne, de mur, etc.

DIVISIONIS FALLACIA.

L'artifice de la division consiste à accorder en des temps différents et séparément à un sujet des attributs qui ne lui conviennent que conjointement ou en même temps ; en d'autres termes à admettre comme vraies, lorsqu'elles sont séparées, des propositions qui ne sont vraies qu'unies entre elles. Ex. : L'homme ne peut faire deux actions contradictoires ; Or, se lever et se coucher sont deux actions contradictoires, donc un homme couché ne peut se lever.

DIVISO SENSU. — COMPOSITO SENSU.

Au sens divisé, au sens composé. V. *Composito sensu.*

DOCTOR.

Docteur, titre que l'on donne dans l'école aux plus illustres philosophes en le faisant suivre d'un qualificatif élogieux. Voici les principaux de ces titres avec le nom des savants qu'ils servent à désigner : Docteur angélique : S. Thomas (1225-1274).— Docteur séraphique : S. Bonaventure (1221-1274). — Docteur irréfragable : Alexandre de Halès, mort en 1245. — Docteur universel : Albert-le-Grand (1205-1280). — Docteur admirable : Roger Bacon (1214-1294). — Docteur solennel : Henri de Gand (1220-1295). — Le Spéculateur : Guillaume Durand (1232-1296). — Docteur subtil : Duns Scot (1275-1309). — Docteur illuminé : Raymond Lulle (1235-1315). Doctor resolutissimus : Durand de Saint Pourçain (1333). — Docteur invincible : Guillaume d'Occan (1270-1347). — Doctor fundatissimus : Ægidius Colonna (1247-1316). — Doctor planus et perspicuus : Gaultier Burley (mort en 1347). — Doctor Christianissimus et consolatorius : Jean Gerson (1363-1429).

DUBITUM POSITIVUM. — NEGATIVUM.

En général, le doute est l'état d'un esprit qui, en présence de deux contradictoires, ne donne la préférence ni à l'une ni à l'autre ; la raison n'affirme rien et ne nie rien. Si cette indécision provient de ce que l'esprit connaît des raisons égales de nier ou d'affirmer, le doute est positif. Si, au contraire, l'indécision vient de ce que l'esprit ne connaît aucune raison pour affirmer ou nier, le doute est négatif. « Quelquefois, dit S. Thomas, l'intellect n'incline pas plus d'un côté

que de l'autre, soit par défaut de motifs, soit à cause
de l'apparente égalité des raisons qui militent pour
ou contre » (Questions disp., De la vérité, q. XIV, a,
I. C.).

DURATIO.

La durée est la permanence d'une chose dans l'être
V. *Tempus, Ævum, Æternitas.*

DYNAMILOGIA.

La dynamilogie est le traité des facultés de l'âme.

E

E. — Lettre qui servait à désigner, dans certains termes conventionnels, les propositions universelles négatives. V. la lettre A et l'article *Modi syllogismi.*

EDUCTIO. — CREATIO.

L'éduction est l'acte par lequel on produit une chose d'un sujet préexistant ; c'est ainsi qu'on peut tirer d'un être une forme nouvelle que cet être possédait en puissance. Ex. : On peut tirer du marbre une statue, une cheminée, etc. — La création est la production d'une chose sans aucun sujet préexistant. Ex. : La création de notre âme.

EFFECTUS.

L'effet est ce qui est produit par la cause, c'est un degré d'être : substance ou accident. Ex. : Le monde est un effet de la création divine ; la pensée est l'effet de l'intelligence.

EFFECTUS EFFECTIVUS. — FORMALIS.

L'effet effectif est l'action au moyen de laquelle l'agent produit son effet. — L'effet formel est ce qui est produit par l'agent,

EFFECTUS IDEM NUMERO NON POTEST ESSE EX PLURIBUS CAUSIS.

Un seul et même effet ne peut être produit intégralement par plusieurs causes. Car un tel effet existerait et n'existerait pas en même temps. Il existerait, puisqu'il serait produit intégralement ; il n'existerait pas, puisqu'il pourrait être produit par une autre cause.

ELEMENTA.

Les éléments étaient définis : Les corps simples d'où sont premièrement formés les corps mixtes, et dans lesquels ils sont en dernier lieu résolus. Les anciens philosophes admettaient quatre éléments : le feu, l'air, l'eau et la terre. Le feu et l'air résidaient dans la région supérieure ; l'eau et la terre dans la région inférieure. Les éléments possédaient deux sortes de qualités : les unes primaires, les autres secondaires. Les qualités primaires étaient : la chaleur, le froid, l'humidité et la sécheresse. Le feu était considéré comme éminemment chaud et sec ; la terre, comme éminemment froide et moins sèche que le feu ; l'eau, comme éminemment humide et moins froide que la terre ; l'air, comme humide et chaud, mais à un degré moyen. Les qualités secondaires des éléments étaient : la densité, de laquelle provenait la pesanteur ; la rarité, de laquelle provenait la légèreté. Aristote (liv. v de la Générat., chap. II) donne d'autres qualités secondaires : le dur et le mou, le visqueux et l'aride, le subtil et l'épais.

ELEMENTA SYMBOLA. — ASYMBOLA.

On appelait éléments similaires, *symbola*, ceux qui avaient certaines qualités communes. Ex. : L'air, la terre et l'eau. — Les éléments dissimilaires, *asymbola*, étaient ceux qui n'avaient aucune qualité commune. Ex. : L'eau et le feu.

ELEMENTA VULGARIA.

Les éléments vulgaires ou généraux sont les quatre éléments : la terre, l'eau, l'air, le feu. Les anciens philosophes pensaient que ces éléments étaient simples et concourraient à la formation de tous les corps composés.

ELEMENTUM. — CAUSA. — PRINCIPIUM.

Elément, cause, principe. V. *Principium, Causa, Elementum.*

ENS.

L'être. On entend par ce mot tout ce qui existe ou peut exister, soit dans la réalité des choses, soit dans les conceptions de notre intelligence. V. S. Thomas (1ʳᵉ part., q. III, a. 4).

ENS A SE. — ENS PARTICIPATUM.

L'être par soi, *a se,* est celui qui existe par lui-même en vertu de son essence, l'être absolu, souverain : Dieu. — L'être participé est celui qui n'existe qu'en vertu de l'être souverain. Ex. : La créature. V. S. Thomas (1ʳᵉ part., q. XLIV, a. I ; q. LXI, a. I ; q. LXXV, a. 5 ; q. CIV, a. I).

ENS ENTIS.

L'être de l'être est la définition aristotélicienne de l'accident. V. *Accidens.*

ENS COMPLETUM. — ENS INCOMPLETUM.

L'être complet est celui qui possède tout ce que réclame sa nature.— L'être incomplet est celui qui ne possède pas tout ce que réclame sa nature.

ENS ET AGENS CONVERTUNTUR.

L'être et l'agent se convertissent. C'est-à-dire tout être peut être agent, tout agent est être. Tout être peut agir car il est doué d'activité pour obtenir sa fin, suivre ses lois, utiliser ses propriétés. Pour agir il faut être, car l'opération est un effet qui présuppose une cause.

ENS INFINITUM. — ENS FINITUM.

L'être infini est celui qui n'a pas de limites. — Le fini est celui qui a des limites. V. *Infinitum.*

ENS IN POTENTIA. — ENS IN ACTU.

L'être en puissance est celui qui peut recevoir l'existence ou quelque perfection nouvelle. — L'être en acte est celui qui existe ou qui a reçu quelques perfections.

ENS NECESSARIUM. — ENS CONTINGENS.

L'être nécessaire est celui qui ne peut pas ne pas exister. Ex. : Dieu.— L'être contingent est celui qui existe, mais qui pourrait ne pas exister. Ex. : Le monde.

ENS RATIONIS. — ENS REALE.

L'être réel est celui qui a une existence véritable ou qui peut véritablement exister, en dehors de la conception de notre esprit, dans la nature des choses. — L'être de raison est celui qui, produit par notre esprit, n'existe pas en dehors de notre intelligence. Ex. : La notion de genre, les chimères ; on l'appelle aussi être de seconde intention. V. S. Thomas (1re part., q. XXVIII, a. 1).

ENS RATIONIS SUBJECTIVUM. — EFFECTIVUM. — PROPRIUM.

L'être de raison subjectif est tout ce dont l'intellec. est le sujet propre, tout ce qui peut être perçu par luit

Ex. : Les espèces intelligibles. — L'être de raison effectif est tout ce que l'intellect peut produire. Ex. : Les diverses conceptions intellectuelles. — L'être de raison propre est ce qui n'existe objectivement que dans notre intellect. Ex. : Les chimères.

ENS RELATIVUM. — ENS ABSOLUTUM.

L'être absolu est l'être complètement indépendant de toute relation : Dieu. — L'être relatif est l'être dépendant, et exigeant quelques relations : La créature. V. S. Thomas (3e part., q. xi, a. 5).

ENTITATIVE. — CONNEXIVE.

Une chose est considérée entitativement quand on la considère dans son être seul. — D'une manière connexe quand on la considère comme unie à une autre chose. Ex. : L'âme humaine entitativement ne peut souffrir de sensations physiques, mais elle le peut d'une manière connexe, comme unie au corps.

ENTITATIVUM. — OPERATIVUM.

L'entitatif est ce qui affecte le sujet à être telle ou telle chose. Ex.: La santé est une habitude entitative. — L'opératif est ce qui dispose et détermine à agir. Ex.: L'habileté de l'artiste est une habitude opérative.

ENTELECHIA.

L'entéléchie. Ce mot sert à exprimer tout acte, toute perfection, toute forme.

ENUNCIATIO.

Proposition. V. *Propositio*.

ERROR ANTECEDENS. — ERROR CONCOMITANS.

L'erreur antécédente est celle qui n'a pas la volonté pour principe, mais qui est cause de l'action. Ex. : Le chasseur, trompé par la brume, croit apercevoir une bête fauve, fait feu et tue son compagnon. L'erreur est cause de l'action, mais l'effet réel de l'action n'est pas voulu. — L'erreur concomitante n'a pas la volonté pour principe, mais l'action serait voulue alors même que l'erreur cesserait. Ex. : Dans la guerre, un soldat, trompé par le brouillard, croit tuer une bête fauve, et tue un ennemi. L'effet réel n'est pas voulu mais il l'aurait été après la découverte de l'erreur.

ESSE ESSENTIALE. — ESSE ACCIDENTALE.

L'être essentiel ou substantiel, c'est l'être proprement dit de la substance. V. *Substantia*. — L'être accidentel est l'être qui survient à l'être essentiel. Ex. : Aristote est homme, ce dernier terme exprime l'être essentiel; Aristote est philosophe, ce dernier terme exprime l'être accidentel.

ESSE ESSENTIALE. — ESSE ACTUALE.

L'être essentiel n'est autre que l'essence de l'être ; l'être actuel, son existence. V. *Essentia, existentia.*

ESSE EST PROPTER OPERARI.

L'être existe pour opérer. L'être et l'essence d'une chose sont proportionnés à ses opérations.

ESSE IN ACTU. — ESSE IN POTENTIA.

L'être en acte c'est l'être produit par sa cause, l'être qui a une existence propre. L'être en puissance c'est l'être qui n'est pas produit par sa cause, mais qui peut être produit ; il n'a pas une existence propre, mais il existe virtuellement en ce dont il peut être fait et dans la cause capable de le réaliser. Par exemple, dit le célèbre Père Cornoldi, le Laocoon du Belvédère, est maintenant en acte ; mais avant d'exister, il était en puissance dans le marbre dont il a été fait et dans l'artiste par qui il a été fait. Il faut bien distinguer, ajoute le même auteur, entre la puissance passive, l'acte et la puissance active. Ainsi, dans l'exemple que nous venons de citer : le marbre est la puissance passive, l'artiste, la puissance active, ce qui est fait dans le marbre ou ce que reçoit le marbre pour devenir le Laocoon, c'est l'acte. Par conséquent : 1° La puissance passive, c'est la partie déterminable de l'être. 2° La puissance active c'est la cause déterminante de l'être. 3° L'acte c'est la détermination produite par la puissance active dans la puissance passive. 4° La puissance passive, avec la détermination qu'elle a reçue, c'est l'être déterminé. Mais la cause qui détermine l'être étant considérée comme placée en dehors de l'être déterminé, il n'y a, à vrai dire, que deux principes constitutifs de l'être déterminé : la puissance passive et l'acte, c'est-à-dire la partie déterminable et la détermination; ce qui se trouve dans toutes les choses créées.

ESSE POTENTIALE. — ESSE IN ACTU.

L'être potentiel est l'être qui peut passer en acte. Ex. : Le bois a l'être potentiel du charbon. — L'être en acte est celui qui est réalisé en ce qu'il était précédemment en puissance.

ESSE PRIMUM. — ESSE SECUNDUM.

L'être premier, d'après S. Bonaventure, est la substance; l'être second, l'accident (in lib. IV, dist. XLIX, p. 1, q. 1). V. *Substantia, accidens.*

ESSE ULTIMUM REI. — PRIMUM NON ESSE REI.

Le dernier être d'une chose est le dernier instant de son existence. — Le premier non-être d'une chose est l'instant où elle cesse d'exister.

ESSENTIA.

L'essence d'un être est ce qui constitue cet être, ce

par quoi il est ce qu'il est et se distingue de tout
ce qui n'est pas lui ; c'est l'ensemble des qualités
constituant l'être dans son espèce propre. Ex. :
L'animalité et la raison forment l'essence de l'homme.
— Le mot essence vient du terme *esse*. Cependant
l'être et l'essence se distinguent : l'être est ce qui est,
l'essence ce par quoi l'être est.

ESSENTIA. — EXISTENTIA.

L'essence est ce qui constitue un être dans son
espèce propre. — L'existence, étymologiquement
ex sistere, désigne l'être placé en dehors du néant
et de la cause qui le produit : c'est l'essence actualisée,
l'actuelle présence d'une chose dans le monde réel.

ESSENTIA METAPHYSICA. — ESSENTIA PHYSICA.

L'essence métaphysique est l'essence considérée
en elle-même, dans ses éléments abstraits et constitutifs. Ex. : L'humanité considérée en elle-même et
d'une façon abstraite. — L'essence physique est
l'essence considérée dans les choses qui la réalisent.
Ex. : L'humanité considérée dans Pierre.

ESSENTIA. — QUIDDITAS. — FORMA. — NATURA.

L'essence est l'ensemble des qualités qui constituent un être dans son espèce propre. — La forme
est le principe qui constitue un être dans son espèce
propre. V. *Forma.* — La nature est l'essence consi-

dérée comme principe d'action et d'opération.
V. *Natura*. — La quiddité est l'essence de l'être
exprimée par la réponse à la question : Qu'est-ce
que cet être? V. *Quidditas*.

ESSENTIA QUINTA.

La cinquième essence était l'essence des corps
célestes. Les anciens philosophes pensaient que
tous les corps mixtes sublunaires étaient composés
des quatre éléments : l'eau, la terre, l'air et le feu ;
mais les corps célestes avaient une cinquième essence,
ils étaient pour cela incorruptibles.

ESSENTIÆ RERUM CONSISTUNT IN INDIVISIBILI.

Les essences des choses constituent un tout indivisible. On ne peut rien ajouter ou retrancher à
l'essence d'une chose sans la détruire.

EVENTUM.

Ce qui survient. C'est le mot dont se sert Lucrèce
dans son poëme *De natura rerum* (liv. v), pour désigner l'accident, ce qui survient à la substance.

EVIDENTIA.

L'évidence ou la visibilité est l'éclat de la vérité
qui arrache à notre intellect son assentiment et sa
ferme adhésion. « L'évidence, dit S. Thomas, est
la manifestation de la vérité » (1re part., q. cvi, a. 1).

EVIDENTIA CREDIBILITATIS.

L'évidence de crédibilité n'est autre que l'évidence des raisons ou des motifs sur lesquels nous fondons notre assentiment.

EVIDENTIA OBJECTIVA. — EVIDENTIA SUBJECTIVA.

L'évidence objective est l'éclat de la vérité qui commande l'adhésion de l'esprit. — L'évidence subjective est la vue de cet éclat.

EVITERNITAS.

L'éviternité ou ævum. V. *Tempus.*

EXACTIVUM.

Exactivum ou *exigitum* désigne ce qui exige, réclame une chose. Ex. : La foi surnaturelle exige une puissance surnaturelle qui la donne et une puissance obédientielle qui la reçoive.

EXCEPTIS EXCIPIENDIS.

Excepté ce qu'il convient d'excepter. On se sert souvent de cette expression pour atténuer la rigueur d'un principe trop absolu. Ex. : Tous les hommes, *exceptis excipiendis*, naissent atteints du péché originel. Il y a en effet des exceptions à cette loi générale.

EX CATHEDRA.

Du haut de la chaire. On se sert surtout de cette expression au sujet du souverain Pontife. Le pape parle *ex cathedra*, du haut de la chaire de saint Pierre, lorsqu'il adresse aux évêques de la catholicité une encyclique concernant le dogme, la morale ou la discipline générale.

EX CONCESSIS.

D'après ce qu'on concède. Dans un argument *ex concessis* on s'appuie sur les données concédées par l'adversaire.

EXECUTIONE. — INTENTIONE.

Dans l'exécution, dans l'intention. Une chose peut être principe dans l'intention, et terme dans l'exécution. V. *Causa finalis est prior in intentione.*

EXECUTIVE. — APPREHENSIVE. — DIRECTIVE.

Exécutivement, appréhensivement, directement. V. *Apprehensive.*

EXERCITE. — SIGNATE.

Ces termes ont plusieurs sens : le premier désigne l'action ; le second, l'intention.—Le premier, marque l'exemple que nous donnons ; le second, le conseil, la prière. — Souvent ces mots ont la signification de directement, indirectement ou d'une manière réflexe.

EXISTENTIA.

L'existence (ex-sistentia) est la position d'un être dans le monde réel en dehors du néant et de sa cause. Les scolastiques en donnent cette définition: La dernière actualité de l'être.

EXISTENTIA REALIS. — EXISTENTIA INTENTIONALIS

L'existence réelle est celle par laquelle les choses existent en elles-mêmes. — L'existence intentionnelle est celle par laquelle les choses sont connues, existent dans notre intelligence.

EXPONIBILE. — EXPONENS.

L'exposable est ce qui est obscur et difficile à comprendre sans explication. — L'exposant est ce qui explique l'exposable et le rend compréhensible.

EXTENSIO.

L'extension est la propriété que possèdent les corps d'avoir des parties distinctes et divisibles, mais reliées entre elles par un lien commun, de façon à former un seul et même tout. C'est le fondement de toutes les autres propriétés du corps. — L'extension d'une idée. V. *Ambitus*.

EXTENSIVE — INTENSIVE.

Par extension, par intensité. L'extension marque le nombre des individus auxquels convient la qualité, et l'intensité indique le degré, la grandeur de cette qualité.

F

FACIENS EST HONORABILIUS FACTO.

La cause est toujours plus parfaite que l'effet. V. S. Thomas (1re de la 2e, q. LXVI, a. 6 et q. CXII, a. 1).

FACULTAS. — POTENTIA.

La faculté est le principe immédiat de l'opération; l'opération est l'exercice immédiat de la faculté, car l'être n'agit pas immédiatement par sa propre essence, mais par le moyen de ses facultés. Les facultés sont à la fois distinctes entre elles et distinctes de l'essence dont elles émanent. Il faut observer toutefois que si les facultés sont distinctes de l'essence, elles en découlent naturellement et en sont inséparables. V. S. Thomas (1re part., q. LXXXIII, a. 2).

FACULTAS ACTIVA. — PASSIVA.

La faculté active est celle qui réduit son objet en

acte. Ex. : L'intellect agent. — La faculte passive est celle qui est sollicitée à l'opération par son objet déjà en acte. Ex. : La volonté. — Toutes les facultés de l'âme végétative sont actives; toutes celles de l'âme sensitive sont passives. V. S. Thomas (Quest. disp., De la vérité, quest. XVI, art. 1). Il faut bien se garder de croire, avec Wol et Gallupi, que la puissance active est celle qui peut agir, et la puissance passive celle qui est capable de recevoir une action étrangère, car toute faculté, comme telle, peut agir et opérer.

FACULTAS ÆSTIMATIVA. — FACULTAS COGITATIVA.

La faculté estimative, cogitative. V. *Æstimativa.*

FACULTAS ANIMÆ.

La faculté de l'âme est le principe prochain et immédiat de ses opérations. Les facultés de notre âme, d'après les scolastiques, sont les suivantes : la faculté végétative, la faculté sensitive, la faculté intellective, la faculté appétitive, la faculté locomotrice.

FACULTAS APPETITIVA.

La faculté appétitive est celle en vertu de laquelle l'âme se porte vers les choses perçues par les sens ou l'intelligence, ou bien s'en éloigne. V. *Appetitus.*

FACULTAS INTELLECTIVA.

La faculté intellective est celle en vertu de laquelle l'âme connaît les choses immatérielles. V. *Intellectus.*

FACULTAS MOTRIX.

La faculté motrice ou locomotrice est cette faculté spéciale par laquelle l'âme exécute les mouvements du corps qu'elle informe. « Il y a, dit S. Thomas, une double force motrice : l'une appétitive qui commande le mouvement, l'autre qui l'exécute ; c'est cette dernière qui donne aux membres la souplesse nécessaire pour obéir à l'appétit » (1re part., q. LXXV, a. 3). La faculté motrice est une faculté sensitive dont l'organe réside dans les nerfs et les muscles qui appartiennent à la vie de relation. « Tout le monde connaît, dit le Père Liberatore, l'empire exercé par la volonté sur le système musculaire, par rapport aux mouvements du corps. On veut se promener, on se promène ; on veut lever le bras, on le lève ; on eut fermer la paupière, on la ferme. »(Composé humain, ch. v, a. 11.)

FACULTAS NATURALIS. — FACULTAS OBEDIENTIALIS.

La faculté naturelle est l'aptitude à recevoir un acte qui ne dépasse pas les forces de la nature. — La faculté obédientielle est l'aptitude à recevoir un acte qui dépasse les forces de la nature. V. *Facultas obedientialis.*

FACULTAS NATURALIS DETERMINATUR AD UNUM.

Les facultés naturelles sont déterminées à une seule chose, c'est-à-dire, placées dans les mêmes conditions, les facultés naturelles produisent toujours les mêmes opérations. La nature, en effet, opère toujours d'une seule et même manière pourvu qu'aucun obstacle ne s'oppose à son action.

FACULTAS OBEDIENTIALIS.

La faculté obédientielle est l'aptitude inhérente à toute créature qui la rend capable de recevoir de son auteur une action supérieure aux forces de la nature. On l'appelle obédientielle parce qu'elle découle de la soumission et de l'obéissance que tout être créé doit à son créateur. « La puissance, dit S. Thomas, en vertu de laquelle le premier agent peut élever la créature à un acte supérieur à celui qu'elle peut recevoir de l'agent naturel est ce qu'on appelle faculté obédientielle » (3° part., q. XI, a. 1).

FACULTAS SENSITIVA.

La faculté sensitive est celle en vertu de laquelle l'âme, unie à un corps, perçoit les choses matérielles comme matérielles. V. *Sensus*.

FACULTAS VEGETATIVA.

La faculté végétative est celle en vertu de laquelle

le corps uni à l'âme, vit, se développe et se propage. V. *Anima vegetativa.*

FALLACIA.

Artifice, tromperie dans les sophismes. On distingue deux sortes d'artifices : les artifices dans les mots et les artifices dans les choses.

FALLACIA DICTIONUM.

Les artifices dans les mots consistent à employer les termes de l'argumentation dans un sens captieux. Voici les principaux artifices de diction ou de grammaire : *Fallacia æquivocationis.* La tromperie de l'équivoque consiste à employer dans le raisonnement un mot ayant double signification et à donner à ce terme un sens dans une prémisse et un autre sens dans l'autre. Ex. : On apprend ce qu'on ne sait pas ; or le maître apprend à lire ; donc il ne sait pas lire. — *Fallacia amphibologiæ.* La tromperie de l'amphibologie consiste à se servir d'une phrase à double sens. Ex. : Vous ne savez pas ce que je vais vous demander ; or je vais vous demander votre nom : donc vous ne savez pas votre nom. — *Fallacia accentus.* L'artifice de l'accent. V. *Accentus fallacia.* — *Fallacia dictionis,* l'artifice de la diction consiste à employer un terme dans le sens littéral lorsqu'il devrait être pris dans le sens figuré. Ex. : Les feuilles frémissent ; or Pierre et Paul frémissent ; donc

Pierre et Paul sont des feuilles. — *Fallacia compositionis, divisionis.* La tromperie de la composition, de la division. V. *Compositionis fallacia.*

FALLACIA EXTRA DICTIONEM.

Les principaux artifices dans les choses ou sophismes logiques sont : — *Fallacia accidentis.* La tromperie de l'accident consiste à juger une chose d'après ce qui lui convient accidentellement. Ex. : L'homme dort ; or Aristote est homme ; donc il dort. — *Fallacia transitus a dicto secundum quid, ad dictum simpliciter.* L'artifice du passage d'une signification restreinte à une signification plus étendue ou universelle consiste à attribuer absolument à une chose une qualité qui ne lui convient que relativement et ainsi conclure d'une prémisse relative une conclusion universelle et absolue. Ex. : Le pain est une nourriture saine ; donc il faut en donner à ce moribond. — *Fallacia contradictionis.* L'artifice de contradiction consiste à établir comme contradictoires des choses qui en réalité ne le sont pas. Ex. : Le noir et le blanc sont contradictoires ; donc un nègre ne peut avoir la peau noire et les dents blanches. — *Fallacia ignorationis elenchi.* L'ignorance du sujet consiste à démontrer ce qui n'est pas en question et à prêter à l'adversaire des sentiments qu'il n'a pas. Ex. : Les hérétiques qui prouvent que les catholiques ne doivent pas adorer la Sainte Vierge. Les catholiques n'adorent pas, mais honorent la Sainte Vierge. — *Fallacia petitionis principii.* La pétition de principe consiste à prendre ce qui doit être démontré comme principe de la démonstration et du raisonnement. Ex. : Les animaux ont des idées universelles qu'ils comparent ; donc ils sont doués de raison. Le cercle vicieux est une double pétition de principe, il consiste à prouver une chose par une autre et cette dernière par la première. — *Fallacia consequentis.* L'artifice du conséquent consiste à conclure, dans un syllogisme conditionnel, la vérité de l'antécédent de la vérité du conséquent ou la fausseté du conséquent par la fausseté de l'antécédent. Ex. : S'il est homme, il est animal ; or, ce lion est animal ; donc il est homme. — *Fallacia non causæ pro causa.* L'artifice de la fausse cause consiste à conclure comme cause ce qui réellement ne l'est pas. Ex. : On a donné la médecine à ce malade ; or, la maladie s'est aggravée ; donc la médecine est cause de l'aggravation de la maladie. — *Fallacia plurium interrogationum.* Le sophisme de plusieurs interrogations. V. *Interrogationum plurium fallacia.*

FATUM.

Le destin. V. *Casus.*

FIERI. — FACTO (IN).

Une chose est en fait, *in facto,* lorsqu'elle existe

9

complètement avec tout ce qu'elle doit posséder par son essence. — Une chose est dans le devenir, *in fieri*, lorsqu'elle commence d'exister, lorsqu'elle n'a pas encore tout ce que réclame sa nature.

FIGURA.

Le mot figure se prend : 1° Pour la limitation, la détermination de la quantité du corps. Ex. : La figure, pour la forme de cet édifice. Tous les corps ont une certaine figure qui provient de la forme, car la matière est indifférente à telle ou telle détermination. Souvent les mots forme et figure sont pris indistinctement l'un pour l'autre. 2° Pour le signe, le symbole d'une chose. Ex. : L'olivier est la figure de la paix.

FIGURÆ SYLLOGISMI

Les figures du syllogisme sont les diverses positions du terme moyen dans les prémisses relativement aux extrêmes. Ces figures sont au nombre de quatre : 1° Dans la première, la plus parfaite de toutes, le moyen terme est sujet dans la majeure et attribut dans la mineure ; 2° dans la seconde, le moyen terme est attribut de la majeure et de la mineure ; 3° dans la troisième, le moyen terme est sujet de la majeure et de la mineure ; 4° dans la quatrième, le moyen terme est attribut de la majeure et sujet de la mineure. Ces quatre figures sont contenues dans le vers latin suivant :

Sub-præ ; tum præ-præ ; tum sub-sub ; denique præ-sub ;

sub pour *subjectum*, le sujet, — *præ* pour *prædicatum*, l'attribut. V. *Modi syllogismi.*

FINALISATIO.

Ce mot indique la raison qui nous fait agir pour atteindre la fin proposée.

FINIS. — MOTIVUM. — MEDIUM.

La fin est ce pour quoi une chose est faite ; le but vers lequel une chose est dirigée ; en général tout ce qui nous invite à agir. — Le motif est ce qui nous détermine à agir et à vouloir la fin. — Le moyen est ce qui nous fait atteindre la fin. — La fin et les moyens doivent être proportionnés.

FINIS CUJUS GRATIA. — FINIS CUI.

V. *Finis objectivus, subjectivus.*

FINIS EST CAUSA CAUSARUM.

La fin est la cause des causes. V. *Causa finalis est causa causarum.*

FINIS EST PRIOR IN INTENTIONE, POSTREMUS IN EXECUTIONE.

La fin est principe dans l'intention et terme dans l'exécution. V. *Causa finalis est prior...*

FINIS INTRINSECUS. — FINIS EXTRINSECUS.

La fin intrinsèque est la fin de l'œuvre ; la fin extrinsèque celle de l'agent. V. *Finis operis, operantis.*

FINIS NATURALIS. — FINIS SUPERNATURALIS.

La fin naturelle est celle que l'on peut atteindre par les seules forces de la nature. — La fin surnaturelle est celle que l'on ne peut atteindre par les seules forces de la nature. — V. S. Thomas (1re part., q. XXIII, a. 1).

FINIS OBJECTIVUS. — FINIS FORMALIS.

La fin objective est le bien désiré. — La fin formelle est la possession de ce bien. Dieu à posséder est la fin objective des justes sur cette terre. Dieu possédé et vu intuitivement est la fin formelle des saints dans le paradis.

FINIS OBJECTIVUS. — FINIS SUBJECTIVUS.

La fin objective ou fin *cujus gratia* est le bien que nous voulons acquérir. — La fin subjective ou fin *cui* est le sujet, la personne pour laquelle nous recherchons le bien. Ex. : Un roi fait des conquêtes pour son fils ; faire des conquêtes est la fin objective ; le fils du roi, est la fin subjective.

FINIS OPERIS. — FINIS OPERANTIS.

La fin de l'œuvre est le but vers lequel l'action

tend par sa propre nature. — La fin de l'agent est le but que l'agent se propose d'atteindre. Ex. : L'architecte, en vue d'un gain, bâtit une maison pour abriter une famille ; abriter une famille est la fin de l'œuvre ; le gain, la fin de l'agent. V. S. Thomas (2° partie de la 2°, q. CXLI, a. 6).

FINIS PRINCIPALIS. — FINIS ACCESSORIUS.

La fin principale est celle à laquelle l'agent attache la plus grande importance. La fin secondaire ou accessoire est celle qui n'est voulue que comme liée de quelque façon à la fin principale. Ex. : L'instituteur doit avoir pour fin principale la bonne éducation de la jeunesse, et pour fin secondaire les honoraires promis.

FINIS PROXIMUS. — ULTIMUS. — REMOTUS.

La fin prochaine est le but que l'agent veut atteindre immédiatement en faisant l'acte. — La fin dernière, celle que l'agent veut pour elle-même, qui fait vouloir tout le reste et qui, une fois atteinte, cause le repos de l'agent. — La fin intermédiaire est celle qui est ordonnée à la fin dernière, elle se place entre celle-ci et la fin prochaine. Ex. : Je fais l'aumône pour soulager le pauvre, obtenir la rémission de mes fautes et gagner le ciel. Le soulagement du pauvre est la fin prochaine ; la rémisssion de mes péchés, la fin intermédiaire ; le ciel, la fin dernière.

FINIS QUO. — FINIS QUI.

La fin *quo* est la fin formelle. La fin *qui* est la fin objective. V. *Finis objectivus*.

FORMA.

Le mot forme, pris dans son sens le plus étendu, signifie ce par quoi les êtres sont déterminés à une certaine manière d'être. La forme est donc tout ce qui donne un certain degré d'être. D'où il suit que toute forme est acte, perfection. Le mot forme se prend dans des significations diverses : 1° Pour l'acte substantiel qui détermine la matière première. V. *Forma substantialis*. 2° Pour l'acte qui donne les accidents à la substance. V. *Forma accidentalis*. 3° Pour toute actualité, toute détermination ; pour un acte quelconque, soit substantiel, soit accidentel. C'est ce qui détermine, par opposition à la matière, qui est indéterminée. V. *Materia, Forma*. 4° Pour l'exemplaire, l'idée, la représentation d'une chose. V. *Forma extrinseca*. 5° Pour la qualité produite par la diversité des dispositions dans les parties d'une quantité. V. *Forma. Figura*. La forme est appelée le *principium quo* des choses. V. S. Thomas (1ʳᵉ part., q. LXXVI, a. 1).

FORMA ACCIDENTALIS.

La forme accidentelle est celle qui s'ajoute à la substance déjà complète dans son être substantiel et lui donne ses diverses manières d'être. Ex. : Ce qui fait que ce mur est blanc et celui-là noir.

FORMA EST IN EO CUJUS EST FORMA.

Il est de l'essence de la forme d'être dans ce dont elle est la forme. V. S. Thomas (1re part., q. XL, a. 1).

FORMA CORPOREITATIS.

La forme de corporéité est, suivant les anciens philosophes, l'organisation nécessaire pour rendre le corps apte à recevoir la forme. Plusieurs pensaient que cette organisation était distincte du corps et il l'appelaient l'organisation substantielle.

FORMA EXTRINSECA. — FORMA INTRINSECA.

La forme extrinsèque ou idée est l'exemplaire que la chose imite. Ex. : L'idée de l'architecte est la forme extrinsèque de l'édifice. — La forme intrinsèque est le principe qui actualise un être et lui communique son entité propre. Ex. : L'âme est la forme intrinsèque du corps.

FORMA. — FIGURA.

La forme et la figure sont deux sortes de qualités (V. *Qualitas*), produites par la diversité de disposition dans les parties de la quantité. Dans les choses naturelles, cette disposition s'appelle figure. Ex. : La

figure de Pierre ; dans les choses artificielles, forme.
Ex. : La forme de l'édifice.

FORMA. — MATERIA.

La forme est ce qui détermine ; la matière, ce qui
est indéterminé, mais susceptible d'être déterminé
par la forme. V. *Materia, Forma* ; consulter S. Thomas (1re part. q. XLVII, a. 2 ; q. LXV, a. 2 ; q. LXXVI,
a. I ; q. LXXVII, a. 6 ; q. LXXXIV, a. 4).

FORMA PER ANALOGIAM.

La forme par analogie est tout ce qui détermine,
perfectionne les êtres artificiels.

FORMA SUBSISTENS. — FORMA INFORMANS.

La forme subsistante est celle qui peut exister et
avoir une vie propre sans le secours d'un sujet qui la
reçoive. Ex. : L'ange. — La forme informante est
celle qui détermine et caractérise un sujet hors duquel
elle ne peut subsister. Ex. : L'âme des animaux.
L'âme humaine est à la fois informante et subsistante.

FORMA SUBSTANTIALIS.

La forme substantielle est ce qui constitue un être
dans son espèce déterminée. C'est le principe qui
détermine la matière première à une espèce propre, à
être arbre, animal, homme, etc. V. *Materia prima.*

« La forme substantielle de chaque chose, dit S. Bonaventure, considérée en soi, se nomme essence et considérée par rapport à l'opération, nature » (in lib. I Sent., dist. XXXI, p. 2, dub. 4). La forme substantielle d'un être est donc le principe de sa vie propre, de son espèce et de ses opérations. « Pour qu'une chose soit forme substantielle, dit S. Thomas, il faut deux conditions. La première que ce que l'on appelle forme soit le principe de l'être substantiel dans l'être réel dont il est la forme. Je dis principe, non pas efficient, mais formel, par lequel la chose est et est appelée être. De là vient l'autre propriété de la forme substantielle : c'est que la matière et la forme coparticipent du même être, ce qui n'arrive pas quand il s'agit du principe efficient par rapport à la chose à laquelle il donne l'être. Cet être coparticipé est celui par lequel subsiste la substance composée, qui est une seule substance composée de matière et de forme (Contre les gentils, II, 68).

FORMA SUBSTANTIALIS CORPORIS HUMANI.

La forme substantielle du corps humain est l'âme. V. *Anima est forma substantialis corporis.*

FORMAM DANS DAT ETIAM CONSEQUENTIA AD FORMAM.

Celui qui donne la forme donne aussi tout ce qui résulte de la forme, c'est-à-dire toutes les propriétés qui découlent de la forme.

FORMALE CONCRETI.

Le formel du concret n'est autre que l'abstrait. V. *Abstractum.*

FORMALE. — INSTRUMENTALE SIGNUM.

Le signe formel, instrumental. V. *Signum formale, instrumentale.*

FORMALE. — MATERIALE OBJECTUM.

L'objet matériel est l'objet considéré en lui-même.—Le formel est le côté particulier envisagé dans l'objet matériel. L'objet matériel d'une science est ce dont s'occupe cette science ; l'objet formel, la manière d'être particulière que la science considère dans les choses. Ex. : Dieu est l'objet matériel de la Théologie et de la Théodicée ; Dieu connu par les lumières de la raison est l'objet formel de la Théodicée ; Dieu connu par la Révélation est l'objet formel de la Théologie.

FORMALITATES.

Les formalités sont les diverses notions, les divers points de vue que l'esprit peut distinguer dans les choses.

FORMALITER. — CONCOMITANTER.

Formellement, c'est-à-dire en soi, par sa propre vertu. — Par concomitance, c'est-à-dire uni à un autre.

FORMALITER. — CONSECUTIVE.

Formellement, c'est-à-dire ce qui constitue l'essence. — Consécutivement, c'est-à-dire ce qui découle de l'essence.

FORMALITER. — EMINENTER. — VIRTUALITER.

L'effet est contenu formellement dans la cause lorsque la nature de la cause renferme celle de l'effet. — L'effet est contenu éminemment dans la cause lorsque la cause possède plus de perfections que l'effet. — L'effet est contenu virtuellement dans la cause lorsque celle-ci, bien qu'elle ne soit pas de même nature que l'effet, peut le produire.

FORMALITER. — MATERIALITER.

Matériellement, c'est-à-dire suivant la nature propre de l'objet, d'après son entité, la chose étant considérée en soi. — Formellement, c'est-à-dire suivant un certain rapport, sous un point de vue spécial.

FORTUNA.

La fortune. V. *Casus, Fortuna.*

G

GENERATIO.

La génération est la production d'un être nouveau.
V. *Creatio, Productio.* « Il y a deux sortes de géné-
rations, dit S. Thomas : l'une qui est le changement
du non-être à l'être; l'autre, qui est l'origine d'un
être vivant, émanant d'un principe vivant qui lui
est uni. La première convient à tous les êtres qui
peuvent être engendrés et corrompus; la seconde,
appelée naissance, convient aux seuls êtres doués de
vie. » (1re part., q. xxvii, a. 2) La génération était
définie par les anciens philosophes : *Mutatio de non
esse ad esse.*

GENERATIO CONVERSIVA. — MUTATIVA.

La génération conversive consiste en ce que le
sujet quitte une forme pour en prendre une autre. —
La génération mutative consiste en ce que le sujet
passe du négatif au positif.

GENERATIO SUBSTANTIALIS.

La génération snbstantielle est l'acte en vertu duquel, une substance disparaissant, une nouvelle est produite. Ex. : Le bois après avoir brûlé engendre les cendres. La substance bois disparaît, la substance cendre est produite. V. *Principia prima generationis*.

GENERATIONE PRIMUM EST CORRUPTIONE ULTIMUM.

Ce qui est le premier dans la génération est le dernier dans la corruption. V. S. Thomas (2ᵉ de la 2ᵉ, q. CVII, a. 2 et q. CLXII, a. 7).

GENERATIO UNIUS EST CORRUPTIO ALTERIUS.

La génération de l'un est la corruption d'un autre. Axiome. V. S. Thomas (1ʳᵉ part. de la 2ᵉ, q. CXIII, a. 6). ;

GENERATIONIS PRIMA PRINCIPIA.

Les premiers principes de la génération. V. *Principia prima generationis*.

GENERATUM OPORTET ASSIMILARI GENERANTI.

Celui qui est engendré doit ressembler à celui qui l'engendre en tout ce qui est de la nature de l'espèce, mais non pour les propriétés de l'individu. V. S. Thomas (1ʳᵉ part., q. 6, a. 1).

GENERE TOTO DIFFERUNT.

Des choses différent de tout genre lorsqu'elles ne sont pas renfermées dans le même genre prochain. Ex. : L'homme, la pierre.

GENUS

Le genre est une notion universelle qui exprime cette partie de l'essence qui est commune à plusieurs espèces. Ex. : L'animalité exprime la partie de notre essence commune aux hommes et aux animaux.

GENUS PROXIMUM, REMOTUM. — SUPREMUM, MEDIUM, INFIMUM.

Le genre prochain, éloigné. — Le genre suprême, moyen, infime. V. *Arbor Porphyriana.*

GRATIÆ SACRAMENTALIS CAUSA.

La cause de la grâce sacramentelle. V. *Causa gratiæ.*

H

Le mot français habitude ne rend qu'imparfaite-
ment le mot latin. L'*habitus*, dit S. Thomas (1ʳᵉ de
la 2ᵉ, q. LIV, a. 1), est une certaine qualité qui incline
la puissance à la détermination spécifique de ses
actes. Elle se distingue de la simple inclination qui
invite la puissance à l'acte, car l'habitude rend apte
à agir de telle manière plutôt que de telle autre. On
peut la définir : Une disposition naturelle inhérente
aux facultés de l'âme qui les incline à agir de telle
manière plutôt que de telle autre, soit en bien, soit en
mal ; il suit de là que l'intelligence et la volonté
sont seules susceptibles d'avoir des habitudes. Cependant les autres facultés, le corps, les animaux
sont capables d'exercer quelques opérations sous le
commandement de la volonté de l'homme et peuvent
ainsi acquérir des habitudes. Quelquefois les auteurs
scolastiques emploient le mot *habitus* pour désigner

une forme, une nature et en général tout ce qui constitue un être. Aristote a dit que l'intellect agent est une espèce d'*habitus*. Selon S. Thomas (1re part., q. lxxvii, a. 2), l'habitude tient le milieu entre la puissance pure et l'acte pur. Et ailleurs (1re de la 2e, q. lxix, a. 1) : « L'habitude proprement dite est une forme permanente ou une qualité qui informe une puissance ou un principe qui produit un acte. »

HABITUS. — DISPOSITIO.

L'habitude et la disposition sont deux espèces de qualités (V. *Qualitas*), qui déterminent le sujet à être bon ou mauvais, à agir bien ou mal. Lorsque cette qualité est intimement unie au sujet, elle prend le nom d'habitude. Ex. : La santé. Lorsqu'elle n'est unie que faiblement au sujet et lorsqu'elle n'a que des bases fragiles, on l'appelle disposition. Ex. : Le désir, le soupçon. « L'habitude, dit S. Thomas, est une qualité difficilement changeante, dont l'homme peut faire usage quand il veut et qui rend l'opération agréable. » (1re de la 2e, q. xlix, a. 2).

HABITUS PRÆDICAMENTUM.

Le prédicament *habitus* ne peut être traduit par le mot français habitude. C'est le « être revêtu », la manière d'être extérieure ; on le définit : Un accident résultant dans les objets de la manière dont ils sont couverts. S. Bonaventure l'appelle : « L'ajustement

d'une substance autour d'une autre substance. »
C'est l'ornement qui résulte pour le corps de la
manière dont il est vêtu.

HABITUS ENTITATIVUS. — HABITUS OPERATIVUS.

L'habitude entitative est celle qui détermine la
substance à être bien ou mal. Ex. : La santé, la
maladie. — L'habitude opérative est celle qui détermine à opérer bien ou mal. Ex. : L'habileté.

HABITUS INNATUS, — INFUSUS, — ACQUISITUS.

L'habitude innée est celle que nous tenons de
notre nature. Ex. : L'intelligence. — L'habitude
infuse est celle qui dépasse les forces de notre nature
et que Dieu nous donne par une faveur spéciale.
Ex. : La foi. — L'habitude acquise est celle que nous
nous formons à nous-mêmes par la répétition des
actes. Ex.: L'habitude de lire.

HABITUS INTELLECTUALIS. — HABITUS MORALIS.

L'habitude intellectuelle est celle qui a pour sujet
l'entendement. Ex. : La science. — L'habitude
morale est celle qui a pour sujet la volonté. Ex. : La
vertu.

HABITUS NATURALIS.

L'habitude naturelle est celle que nous avons en
vertu de notre propre essence ; elle ne peut ni se

perdre, ni se corrompre. V. S. Thomas (1ʳᵉ de la 2ᵉ, q. LIII, a. 1).

HÆCCEITAS.

L'hæccéité, suivant Duns Scot, est le principe d'individuation. V. *Principium individuationis.* C'est une entité finale s'ajoutant aux principes constitutifs d'un être pour l'individualiser et le distinguer de tout ce qui n'est pas lui. Cette opinion ne paraît pas devoir être admise : ou bien l'hæccéité appartient à la forme substantielle, ou non. On ne peut admettre la première hypothèse: le principe d'individuation se trouverait dans la forme substantielle, laquelle convient à tous les individus d'une même espèce, et ne peut les distinguer les uns des autres. Dans la seconde hypothèse, le principe d'individuation serait une entité ajoutée aux entités substantielles: il serait donc accidentel, et les individus ne seraient distincts qu'accidentellement, ce qu'on ne saurait soutenir.

HERMENEIAS.

Partie de l'Organon d'Aristote, traitant de la théorie des propositions.

HUMORES PRIMI. — HUMORES SECUNDI.

Les humeurs premières, d'après les anciens philosophes, sont les fluides qui nourrissent le corps. —

Les humeurs secondes sont les divers liquides qui découlent du sang.

HYPOSTASIS. — PERSONA.

L'hypostase, la personne. V. *Persona, Suppositum, Subsistentia.*

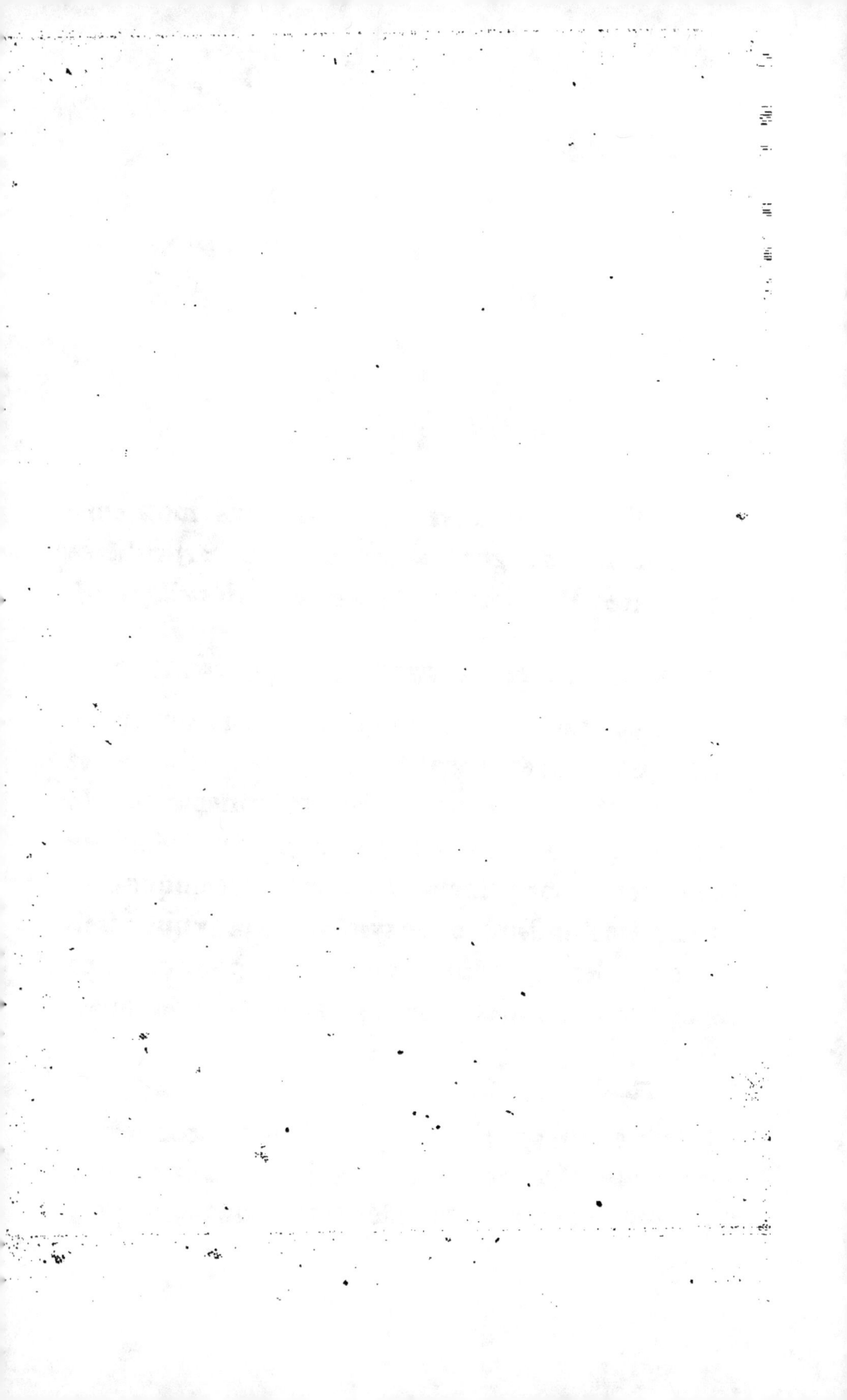

I

I. — Cette lettre servait, dans certains mots conventionnels, à désigner les propositions particulières affirmatives. V. la lettre A et l'article *Modi syllogismi*.

IATROCHIMISMUS. — IATROMECHANISMUS. — PHYSICOCHIMISMUS.

L'iatrochimisme est le système de ceux qui enseignent que les opérations vitales ont pour principe les affinités chimiques. — L'iatromécanisme est le système de ceux qui enseignent que les opérations vitales ont pour principe les forces mécaniques. — Le physicochimisme est le système de ceux qui enseignent que les opérations vitales ont pour principe les agents physiques unis aux affinités chimiques.

IDEA. — IMAGO

L'idée et l'image ne sont pas des mots strictement synonymes : l'image est la ressemblance d'une chose et en est tirée ; tandis que l'idée est le modèle, le type, l'exemplaire que l'objet imite. V. S. Thomas (1ʳᵉ part., q. xv, a. 1).

IDEA. — SPECIES.

L'idée est l'exemplaire, le type qu'une chose imite. Ex. : La représentation intellectuelle d'un édifice dans l'esprit de l'architecte qui doit le construire. On voit par là que l'idée diffère de l'espèce intelligible puisque celle-ci n'est pas ce que l'on connaît, mais ce par quoi l'on connaît.

IDEÆ SOCIABILES. — IDEÆ INSOCIABILES.

Les idées sociables sont celles qui peuvent être réunies dans un même sujet. Ex. : Les idées de force et de prudence. — Les idées non sociables sont celles qui s'excluent mutuellement ; elles ne peuvent être réunies dans un même sujet. Ex. : Les idées de salut et de réprobation.

IDEM DE EODEM SECUNDUM IDEM.

La même chose du même être doit être affirmée ou niée sous le même rapport. (Axiome). Sans cela en effet il y aurait contradiction.

IDEM MANENS IDEM SEMPER EST NATUM FACERE IDEM.

Une cause restant la même peut toujours produire le même effet. (Axiome). Sans cela la cause perdrait de sa puissance et ne resterait plus la même.

IDENTITAS. — DISTINCTIO.

L'identité est la propriété de l'être qui demeure conforme avec lui-même. C'est l'unité de cet être se conservant et restant la même au sein des changements de son existence. « L'identité, dit saint Thomas, signifie l'unité dans la substance » (in lib. 1 Sent., dist. IV, q. 1, a. 3). — La distinction consiste en ce qu'un être n'est pas confondu avec un autre.

IDENTITAS GENERICA, — SPECIFICA, — NUMERICA.

L'identité générique appartient aux êtres qui sont renfermés dans un même genre. Ex. : L'homme et l'aigle sont identiques par le genre. — L'identité spécifique appartient à tous les êtres renfermés dans une même espèce. Ex. : Tous les hommes sont identiques par l'espèce. — L'identité numérique appartient à tous les êtres considérés individuellement. Ex. : Paul est numériquement identique avec lui-même.

IDENTITAS METAPHYSICA, — PHYSICA, — MORALIS.

L'identité métaphysique est l'attribut d'un être qui ne subit aucune altération, si petite soit-elle : Dieu seul possède l'identité métaphysique. — L'identité physique est la propriété d'un être qui conserve sa réalité substantielle, au sein de changements accidentels. Ex. : Notre âme. — L'identité morale est la propriété d'un être qui, se renouvelant peu à peu et successivement, paraît cependant le même au jugement des hommes. Ex. : Un édifice restauré.

IDOLUM.

L'idole est l'image sensible produite par les sens.

IGNIS.

Le feu était, suivant les anciens philosophes, un des quatre éléments qui concouraient à la composition de tous les corps mixtes sublunaires. C'était le plus noble des quatre éléments : *Ignis nobilitate vincit cætera elementa* ; il était défini : Un corps simple très chaud, sec et très léger. V. *Elementa*.

IGNORANTIA PRIVATIVA. — IGNORANTIA NEGATIVA.

L'ignorance négative est simplement l'absence de science. — L'ignorance privative est l'absence coupable de la science ; elle suppose que celui auquel manque la science devait posséder celle-ci. Ex. : L'ignorance du droit dans le juge ou l'avocat. « Elle indique, dit saint Thomas, la privation d'une science et suppose que celui auquel elle manque était appelé à la posséder (1ʳᵉ de la 2ᵉ, q. LXXVI, a. 2).

IGNOTI NULLA CUPIDO.

On ne peut désirer ce que l'on ne connaît.pas. Ce que l'on ignore, dit saint Thomas, ne saurait être voulu.

ILLATIO.

Déduction, conséquence.

IMAGO. — IDEA.

L'image est la ressemblance de l'objet et en est tirée ; l'idée est le modèle, le type que l'objet imite.

IMPENETRABILITAS.

L'impénétrabilité est la propriété en vertu de laquelle un corps occupe un lieu déterminé excluant de ce lieu tout autre corps. Dieu, par sa toute-puissance, peut faire que deux corps se compénètrent et occupent le même lieu : dans ce cas les deux corps ne se confondent pas, ils conservent chacun leur être propre et distinct. Voici l'explication qu'en donne saint Thomas. Deux corps ne peuvent exister dans le même lieu à raison de leurs dimensions parce que la matière corporelle doit à ses dimensions sa divisibilité, et les dimensions se distinguent entre elles par leur situation. Or, Dieu qui est la cause première de toutes choses, peut conserver les effets dans leur être, sans leurs causes prochaines ; ainsi de même qu'il conserve dans le sacrement de l'autel les accidents sans leur sujet, de même peut-il conserver la distinction de la matière corporelle sans la diversité de situation. Il peut donc se faire, en vertu d'un miracle, que deux corps existent dans le même lieu. (Quodlibet., 1, a. 22, c).

IMPLICITE.

Implicitement, renfermé dans un autre. Ex.: La conclusion se trouve implicitement dans les prémisses.

IMPOSSIBILITAS. — POSSIBILITAS.

La possibilité est l'aptitude à l'existence; l'impossibilité est la répugnance à l'existence. V. *Possibilitas*.

INDIFFERENS DECRETUM.

Le décret indifférent est le nom donné au décret de Dieu qui a prévu de concourir à la production des effets dans les causes libres. Ce décret s'applique indifféremment aux choses les plus contraires.

INDIFFERENTIA CONTRADICTIONIS, — SPECIFICATIONIS, — CONTRARIETATIS.

L'indifférence de contradiction, de spécification, de contrariété n'est autre que la liberté de contradiction, de spécification, de contrariété. V. *Libertas contradictionis, specificationis, contrarietatis*.

INDIFFERENTIA EXERCITII.

L'indifférence d'exercice est la liberté de contradiction. V. *Libertas contradictionis*.

INDIVIDUANTES NOTÆ.

Les notes, les qualités qui déterminent l'individu.

Elles sont au nombre de sept, renfermées dans les deux vers suivants :

Forma, figura, locus, tempus, stirps, patria, nomen ;
Hæc ea sunt septem, quæ non habet unus et alter.

INDIVIDUATIO.

L'individuation est le principe intrinsèque qui distingue les individus entre eux. V. *Principium individuationis.*

INDIVIDUUM PRIMO — SECUNDO INTENTIONALITER.

L'individu *primo intentionaliter* est l'individu avec toutes ses propriétés essentielles et accidentelles, propriétés qui ne peuvent convenir qu'à lui. — L'individu *secundo intentionaliter* est ce que l'on ne peut affirmer que de lui seul.

INDIVIDUUM VAGUM, — SIGNATUM, — DEMONSTRATUM.

L'individu vague est ce que l'on peut affirmer d'une manière indéterminée d'un seul. Ex. : Un homme, un lion, un arbre. — L'individu désigné est ce que l'on affirme d'une manière déterminée. Ex. : Pierre, Paul. — L'individu montré est ce que l'on affirme avec une indication précise. Ex. : Cet homme.

INDIVISIBILIA COPULATA, — TERMINATIVA.

Les indivisibles copulatifs, terminatifs. V. *Continuum.*

IN GLOBO.

En masse, ensemble. Ex. : Propositions condamnées *in globo*, c'est-à-dire dans leur ensemble.

INFINITUM. — FINITUM.

• L'infini est ce qui n'a pas de bornes, de limites ; le fini ce qui est borné, limité.

INFINITUM ABSOLUTUM. — INFINITUM RELATIVUM.

L'infini absolu est la perfection dans tous les genres et dans tous les ordres : Dieu est l'être infini, absolu. — L'infini relatif est la perfection dans un genre ou dans un ordre déterminé. Ex. : La sagesse divine.

INFINITUM ACTU. — INFINITUM IN POTENTIA.

L'infini en acte est un être existant n'ayant ni borne, ni limite. Ex. : Dieu. — L'infini en puissance est un être qui, existant avec certaines limites, pourrait augmenter toujours. Ex. : Un nombre.

INFINITUM CATEGOREMATICUM — INFINITUM SYNCATEGOREMATICUM.

L'infini catégorématique est l'infini en acte. — L'infini syncatégorématique est l'infini en puissance.

INFORMARE.

Informer, donner à un objet sa forme. Ex. : L'âme informe le corps.

INFORME. — INFORMATUM.

L'informe est ce qui ne possède pas la forme qu'il devrait avoir. — L'informé est ce qui possède sa forme propre.

INSTINCTUS.

L'instinct ou appétit naturel sensitif est l'inclination naturelle qui suit la connaissance acquise par l'estimative. C'est la faculté par laquelle l'animal tend à s'approprier ce qui lui est utile et à repousser ce qui lui est nuisible.

INSTRUMENTI OPERATIO.

L'opération, l'action de l'instrument est de deux sortes, car l'instrument peut agir suivant sa nature propre et suivant sa qualité d'instrument en vertu d'une cause qui le meut. V. *Instrumentum causa instrumentalis.*

INSTRUMENTUM.

L'instrument est une cause opérant en vertu d'une autre cause. Ex. : La plume qui sert à écrire. L'instrument doit avoir une disposition à produire l'effet voulu par l'agent. « L'instrument, dit S. Thomas, possède une double action, l'une qui lui est propre et qui dépend de sa forme, l'autre qu'il opère par la vertu de l'agent. Ainsi la hache possède, de sa forme tranchante, le pouvoir de couper, mais elle doit à l'action de l'agent la vertu de faire un meuble » (3e part., q. LXII, a. 1).

INSTRUMENTUM ANIMATUM. — INSTRUMENTUM INANIMATUM.

L'instrument animé est celui qui est doué de vie. Ex. : Le serviteur. — L'instrument inanimé est celui qui est privé de vie. Ex. : La hache.

INSTRUMENTUM ARTIFICIALE. — INSTRUMENTUM NATURALE.

L'instrument artificiel est celui qui est dû à l'habileté de l'homme. Ex. : La plume pour écrire. — L'instrument naturel est celui qui est offert par la nature même. Ex. : La main.

INSTRUMENTUM CONJUNCTUM. — INSTRUMENTUM SEPARATUM.

L'instrument uni est celui qui est joint par la nature, à l'agent. Ex. : La main. — L'instrument séparé est celui qui n'est pas joint par la nature à l'agent. Ex. : La plume de l'écrivain.

INSTRUMENTUM NATURALE. — INSTRUMENTUM SUPERNATURALE.

L'instrument naturel est celui dont se sert l'agent pour produire des effets qui ne dépassent pas la nature de l'instrument. Ex. : L'eau pour laver. — L'instrument surnaturel est celui qui est rendu par Dieu apte à produire, sous l'action de l'agent, des effets au dessus de sa nature. Ex. : L'eau du baptème effaçant le péché originel.

INSTRUMENTUM PHYSICUM. — INSTRUMENTUM MORALE.

L'instrument physique est celui qui reçoit de la cause efficiente la vertu d'opérer directement. Ex. : La plume avec laquelle j'écris. — L'instrument moral est celui qui ne reçoit la vertu d'opérer que par conseils, ordres, menaces, prières ou par convention. Ex. : L'écriture.

INSTRUMENTUM QUOD. — INSTRUMUENTUM QUO.

L'instrument sujet est celui dont se sert l'agent. Ex. : La plume pour l'écrivain. — L'instrument moyen, *quo*, est la vertu opérative que l'agent communique à l'instrument. Ex. : L'habileté du pinceau pour le peintre.

INTELLECTUS.

L'intellect (*intus legere*, lire au dedans) est la faculté par laquelle notre âme connaît les choses immatérielles. La connaissance intellective, dit S. Thomas, pénètre jusqu'à l'essence des choses (1re part., q. LVII, a. 1). V. *Objectum adæquatum intellectus.*

INTELLECTUS ACTIVUS.

L'intellect actif est le nom par lequel les philoso-phes arabes Al-Farabi, Avempace, Avicenne, Aver-roès, etc., désignaient Dieu.

INTELLECTUS AGENS.

L'intellect agent est la force d'abstraction que pos-sède notre âme de séparer de l'image sensible toute condition matérielle, singulière et concrète, et de produire ainsi l'espèce intelligible qui représente l'essence des choses. Il dégage l'universel du parti-culier, l'abstrait du concret, l'intelligible du sensible et forme ainsi l'objet de l'intellect possible. L'intel-lect agent rend intelligible en acte ce qui n'était in-telligible qu'en puissance en dégageant l'universel des choses particulières. Ex. : Je vois plusieurs hommes, je discute avec eux : les sens ne me don-nent que la connaissance des choses sensibles, parti-culières, concrètes : le nombre de mes interlocuteurs, leur voix, leur figure, etc., l'intellect agent dégage de la sensation tout ce qui est particulier et ne consi-dère que ce qui est commun à tous ces hommes, il produit ainsi une image immatérielle, une idée uni-verselle, l'espèce intelligible qui peut être reçue par l'intelligence ou intellect possible. L'intellect agent est appelé lumière intellectuelle, lumière de la rai-son; car, par son abstraction, il éclaire les sensations, les fantômes de l'imagination et les rend intelligibles ; son action est désignée par plusieurs noms : illumination, abstraction simple, précisive, etc. L'intellect agent, dit le savant Père Cornoldi, illumine les fantômes de la même manière dont la lumière corporelle illumine les couleurs ; de même que celle ci, en rendant visibles les couleurs à la pupille, les manifeste ; de même l'intellect agent, en rendant les fantômes intelligibles, les manifeste à l'intellect possible et les lui présente. De même aussi que la lumière est le principe *quo* par lequel l'œil voit, de même l'espèce intelligible abstraite du fantôme par l'intellect agent et reçue par l'intellect possible est le principe *quo* par lequel celui-ci comprend en engendrant le verbe de l'objet dont c'est l'espèce intelligible. « Il y a dans l'âme, dit S. Thomas, une puissance active qui dépouille les fantômes de leurs conditions matérielles ; cette puissance est l'intellect agent » (Quest. disp., de l'âme, art. 4). « Aristote a donné justement, dit S. Bonaventure, à cette lumière le nom d'intellect agent. L'on trouve quelque chose de semblable dans les yeux de certains animaux qui ont non seulement la puissance de recevoir en eux l'espèce des corps, mais peuvent encore créer l'espèce elle-même en vertu de la lumière spéciale qu'ils possèdent naturellement » (lib. II, dist. XXIV, p. I, a. 2).

INTELLECTUS INTUITIVUS.

L'intelligence intuitive est la faculté de connaître

certaines choses sans raisonnement. « Certaines choses, dit S. Thomas, sont aussitôt appréhendées sans raisonnement, ainsi les premiers principes qu'il suffit d'entendre énoncer pour les admettre, » in lib. III, dist. XXXV, q. XI, a. 2).

INTELLECTUS OBJECTUM.

L'objet de l'intellect. V. *Objectum intellectus adæquatum, proportionatum.*

INTELLECTUS POSSIBILIS.

L'intellect possible est la faculté par laquelle notre âme connaît les choses intelligibles. C'est vraiment et proprement l'intelligence. Il donne à l'homme la connaissance formelle, dit saint Thomas (in lib. III, de anima, lect. VII). On l'appelle possible, et ce dernier mot ne désigne pas une pure possibilité, une non répugnance à l'être ; l'intellect est une chose réelle, une puissance qui peut passer à l'acte sous l'action de l'espèce intelligible. C'est une pure puissance, aucune connaissance ne lui étant essentielle. Au commencement, c'est une table rase sur laquelle rien n'est écrit, mais sur laquelle tout ce qui est intelligible peut s'imprimer. Si l'intellect ne conçoit rien essentiellement, il a la puissance de connaître tout ce qui est intelligible et son objet adéquat est tout être intelligible. Il est distinct de l'intellect agent ; celui-ci est une puissance active, celui-là une puissance passive. L'opération de l'intellect possible est une action réceptrice, l'opération de l'intellect agent est une action abstractive L'intellect possible est aussi appelé passif ou passible parce que, pour agir et passer en acte, il reçoit l'impulsion nécessaire de l'espèce intelligible représentant l'essence des choses. « Nulle créature, dit saint Thomas, ne peut concevoir sans intellect qui soit une puissance passive ou réceptive. » (In lib. III sent., dist. XIV, q. 1, a. 1).

INTELLIGENTIA.

L'intelligence, ce mot sert à désigner soit la faculté de connaître, soit l'acte par lequel nous connaissons, soit la connaissance elle-même.

INTELLIGENTIÆ SEPARATÆ, ASSISTENTES.

Les intelligences séparées, assistantes, désignent les purs esprits, les anges. V. saint Thomas (1re part., q. LXX, a. 10).

INTENSIVE. — APPRETIATIVE.

En intensité, en appréciation. V. *Appretiative.*

INTENTIO.

L'intention, dans son sens le plus large, désigne l'action d'un être se dirigeant vers une chose. Dans un sens plus stricte : 1° l'intention est la représen-

tation de l'objet que l'intelligence forme en elle-
même ; c'est le verbe, la conception intellectuelle,
l'idée, le concept, la notion. L'intelligence en effet
forme en elle-même les notions, les idées en se dirigeant en quelque sorte vers l'objet connu. « L'intelligence, dit saint Thomas, informée par l'espèce
de l'objet, produit en elle-même, dans l'intellection,
une certaine intention de l'objet connu » (Contre les
gentils, liv. 1, chap. 53), et encore « l'intention intellectuelle est le terme de l'opération intelligible »
(Contre les gentils, ibidem.). — 2° L'intention est
l'acte par lequel la volonté se porte vers la fin de l'o-
pération. « La volonté, dit saint Thomas, peut être
considérée dans l'intention en tant qu'elle se porte
vers une fin dernière, ou dans son élection, en tant
qu'elle se porte vers les moyens propres à atteindre
la fin. » (In lib. 11 Sent., dist. XL, q. 1, a. 2).

INTENTIO PRIMA. — INTENTIO SECUNDA.

L'intention première représente les objets tels qu'ils
sont en eux-mêmes indépendamment de notre connaissance ; c'est l'idée réelle. — L'intention seconde
représente les objets tels qu'ils existent dans notre
esprit et tels qu'ils sont formés par lui. Ex. : Les
chimères.

INTENTIONALE.

Intentionnel, c'est-à-dire représentatif, formel,
idéal.

INTENTIONALIS. — REALIS EXISTENTIA.

L'existence réelle est celle par laquelle les choses existent en elles-mêmes. — L'existence intentionnelle est celle par laquelle les choses sont connues, existent dans notre intelligence.

INTENTIONALITER.

Intentionnellement. C'est-à-dire mentalement, d'une manière représentative, idéale, formelle.

INTENTIONALITER PRIMO. — SECUNDO.

Selon l'intention première, seconde. V. *Intentio prima.*

INTENTIONE. — EXECUTIVE.

Dans l'intention, dans l'exécution. Une chose peut être principe dans l'intention et terme dans l'exécution. V. *Causa finalis est prior in intentione.*

INTENTIONES.

Les intentions désignent souvent les notes constituant une idée, l'idée elle-même, la connaissance, les qualités sensibles ou intellectuelles. « Pour la perception des intentions ou qualités sensibles que ne peut recevoir le sens, dit S. Thomas, les animaux ont la faculté estimative, et, pour les conserver, la mémoire sensible qui est comme le trésor où ces intentions se conservent » (1re part., q. LXXVIII, a. 4).

INTENTIONES. — SPECIES.

Les intentions et les espèces diffèrent entre elles. Les espèces sont les images, — les intentions sont les connaissances des choses. « L'imagination et la mémoire diffèrent, dit S. Bonaventure, car la première conserve les espèces ou images des choses et la seconde conserve les intentions ou connaissances des choses. »

INTERROGATIONUM PLURIUM FALLACIA.

L'artifice de plusieurs interrogations consiste à combiner ensemble deux ou plusieurs demandes de telle sorte que la réponse soit toujours contraire à celui qui la fait. Ex. : Avez-vous cessé de blasphémer ? Si oui, donc vous avez blasphémé. Si non, donc vous blasphémez encore.

INTUITIVE.

Intuitivement, immédiatement, directement, sans raisonnement. Ex. : L'intelligence voit intuitivement la vérité des premiers principes.

INVOLUNTARIUM. — NON VOLUNTARIUM.

L'involontaire est ce qui est contraire à la volonté. Ex.: Une action faite par contrainte. « Ce qui est contre la volonté, dit S. Thomas, s'appelle involontaire. » (1er de la 2me, q. v, a. 5). — Le non volontaire est ce qui ne procède pas de la volonté, quoique celle-ci

n'y soit pas opposée. Ex. : La circulation du sang.
« On trouve certains actes auxquels la volonté ni
n'acquiesce comme cause, ni ne contredit » S. Bonaventure (in lib. 1 Sent., dist. vi, dub. 3).

IPSO FACTO.

Par le seul fait. Ex. : Excommunication encourue
ipso facto, par le seul fait de l'acte coupable.

ISACOGE.

Introduction, livre de Porphyre dans lequel ce
philosophe explique la théorie des universaux.

JUDICIA ANALYTICA, — SYNTHETICA.

Les jugements analytiques sont ceux dans lesquels
l'attribut appartient à l'essence du sujet. Ex. :
L'homme est un animal raisonnable. — Les jugements synthétiques sont ceux dans lesquels l'attribut
ne convient au sujet que d'une manière contingente.
Ex. : Aristote est philosophe.

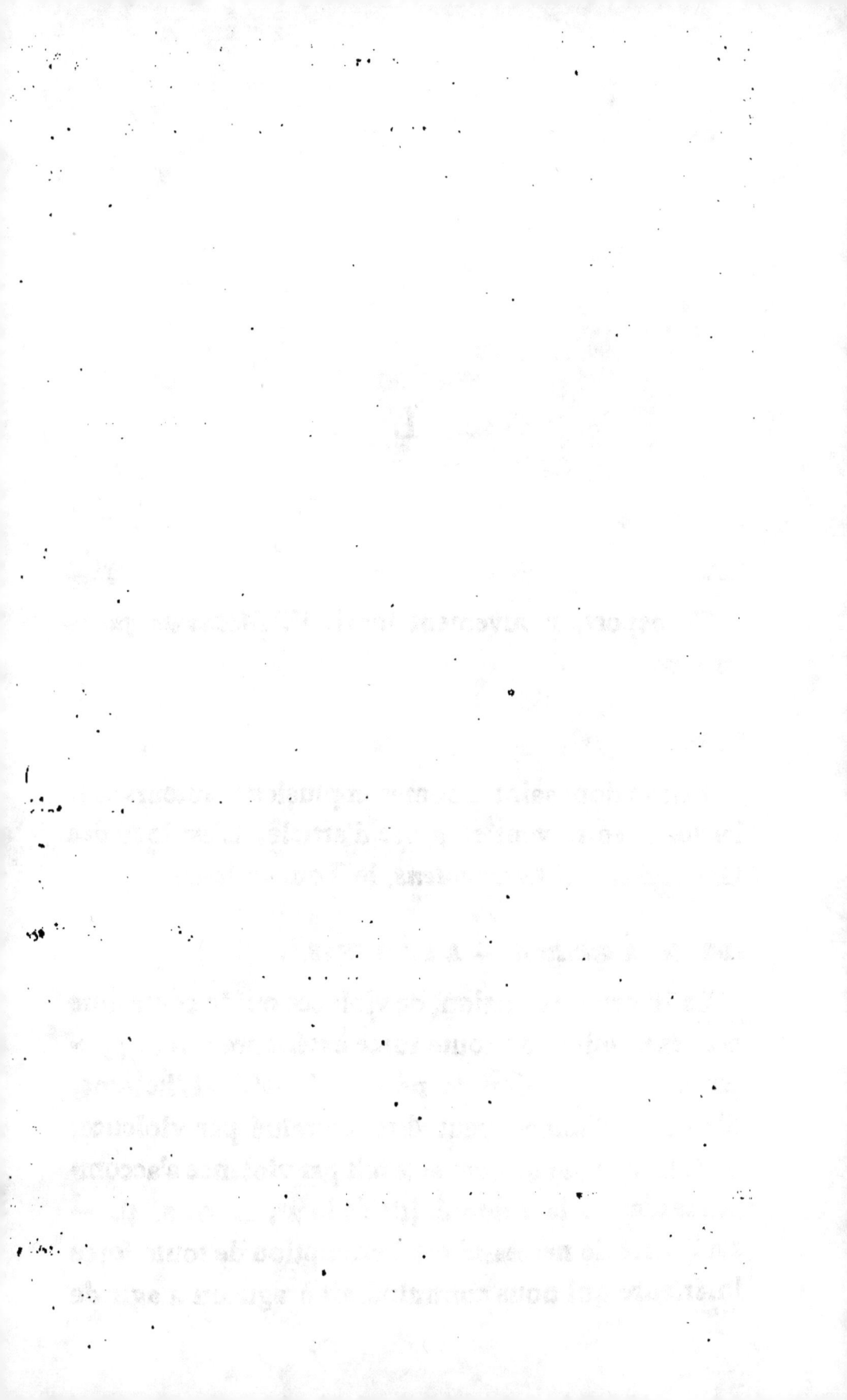

L

LATIO.

Transport, mouvement local. V. *Motus ad quantitatem.*

LI, LY.

Terme dont saint Thomas et plusieurs auteurs scolastiques se servent en guise d'article. C'est le *tò* des Grecs. Ex. : *Li Omnipotens*, le Tout-puissant.

LIBERTAS A COACTIONE, — A NECESSITATE.

La liberté de coaction, de violence ou de contrainte est l'exemption de toute force extérieure qui s'opposerait à l'inclination de notre volonté. « L'homme, dit saint Thomas, peut être entraîné par violence, mais il répugne que cet acte fait par violence s'accomplisse d'après la volonté. (1re de la 2e, q. VI, a. 4). — La liberté de nécessité est l'exemption de toute force intérieure qui nous contraindrait à agir ou à agir de telle manière. Cette liberté exempte de nécessité est appelée liberté d'indifférence, libre arbitre. V. *Necessitas ab intrinseco.*

LIBERTAS EXERCITII.

La liberté d'exercice est la liberté de contradiction. V. *Libertas contradictionis.*

LIBERTAS INDIFFERENTIÆ.

La liberté d'indifférence n'est autre que la liberté de nécessité, le libre arbitre. V. *Libertas a coactione, liberum arbitrium.*

LIBERTAS SPECIFICATIONIS.

La liberté de spécification est la faculté de pouvoir choisir entre deux choses d'espèces différentes. Ex. : Lire ou dormir.

LIBERUM ARBITRIUM.

Le libre arbitre est la facultté que l'homme possède de choisir. « Le propre du libre arbitre, dit saint Thomas, c'est l'élection. » (1ʳᵉ part., q. LXXXIII, a. 3). La liberté de contradiction ou la faculté d'agir ou de ne pas agir suffit pour le libre arbitre. On l'appelle libre arbitre parce que la liberté, n'étant pas nécessitée dans le choix qu'elle fait, est complètement maîtresse et par conséquent responsable de ses actes. « Nous sommes maîtres de nos actes parce que nous pouvons choisir ceci ou cela » S. Thomas (1ᵐᵉ part., q. ʟxxxɪɪ, a. 1). Ce qui est essentiel au libre arbitre est qu'il puisse agir ou ne pas agir. (S. Thomas, in lib. Sent., dist. xxxɪɪɪ, 21).

LOCALITER.

Propre à un lieu, circonscriptivement. V. *Locus ubi circumscriptivum.*

LOCOMOTIVA FACULTAS.

La faculté locomotrice. V. *Facultas motrix.*

LOCUS.

Le lieu, dit Aristote, est la limite immobile et première du contenant (Nat. auscult., lib. v, c. 4). C'est la limite ou la superficie d'un corps qui en contient un autre, limite et superficie du contenant contiguës avec la limite et la superficie extérieure du contenu. « Le lieu, dit S. Thomas, est la mesure extérieure des choses » (in lib. v Metaph., lect. xv). Ex. : Le lieu du poisson dans le fleuve est la superficie de l'eau qui l'entoure et le circonscrit. C'est la limite première c'est-à-dire immédiate, contiguë, immobile, car la surface du corps ambiant peut changer matériellement mais non formellement ; ainsi l'eau qui entoure le poisson change par le courant du fleuve mais une autre partie d'eau remplace la première et remplit la même fonction que la précédente. La surface reste la même formellement quoique matériellement elle change.

LOCUS INTRINSECUS. — LOCUS EXTRINSECUS.

Le lieu intrinsèque est l'espace actuellement occupé par un corps. — Le lieu extrinsèque est la portion de l'espace considérée comme entourant un corps.

LOCUS PHYSICUS. — NATURALIS. — VIOLENTUS.

Le lieu physique est celui qui contient un corps et qui est rempli par lui. Ex. : La surface ambiante de l'eau qui entoure le poisson. — Le lieu naturel ou conforme à la nature du corps est celui qui contient et conserve le corps ; c'est la surface amie. Ex : la surface ambiante de l'eau pour le poisson. — Le lieu violent est celui qui est contraire à la nature du corps qu'il renferme. Ex. : La surface ambiante de l'air pour le poisson hors de l'eau.

LOCUS PROPRIUS. — LOCUS COMMUNIS.

Le lieu propre est celui qui ne renferme que l'objet placé en lui. Le lieu commun est celui qui renferme plusieurs objets.

LOCUS SACRAMENTALIS.

Le lieu sacramentel est celui qui renferme l'objet d'une manière indivisible et surnaturelle selon les prescriptions de Notre-Seigneur.

LOCUS TOTALIS. — CIRCUMSCRIPTIVUS. — DEFINITIVUS.

Le lieu total est celui qui enveloppe entièrement l'objet qu'il renferme. — Le lieu circonscriptif — et le lieu définitif. V. *Ubi circumscriptivum, definitivum.*

LUMEN INTELLECTUALE, INTELLIGIBILE.

La lumière intellectuelle est l'intellect agent. V. *Intellectus agens.*

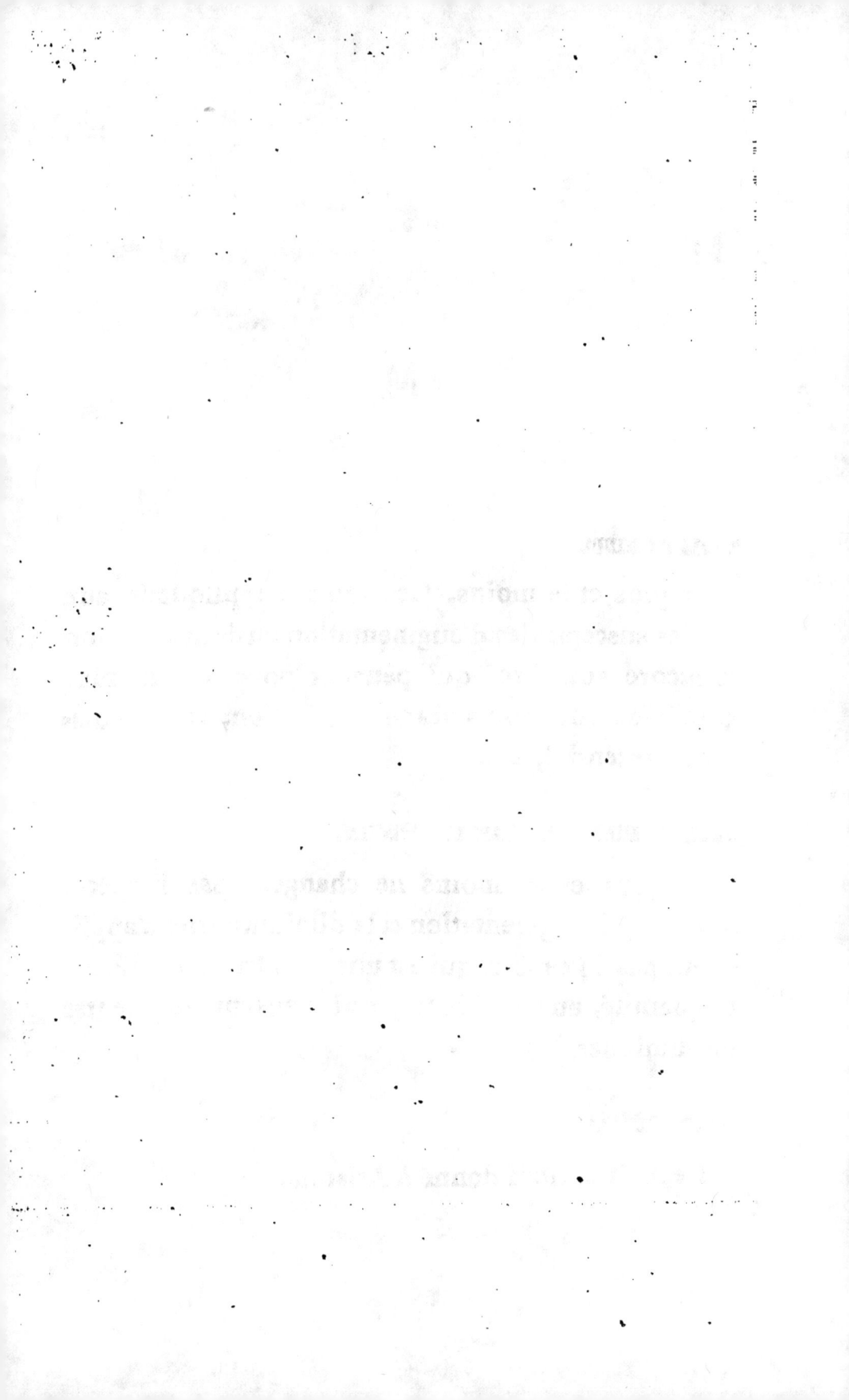

M

MAGIS ET MINUS.

Le plus et le moins. Ces mots s'appliquent aux choses susceptibles d'augmentation ou de diminution et encore aux êtres qui peuvent posséder une plus grande ou une moins grande perfection, vertu, puissance, intensité, etc.

MAGIS ET MINUS NON VARIANT SPECIEM.

Le plus et le moins ne changent pas l'espèce. (Axiome). L'augmentation et la diminution ne s'appliquent pas à l'espèce, qui est une et indivisible, mais à la quantité, aux accidents, qui peuvent augmenter ou diminuer.

MAGISTER.

Le maître, nom donné à Aristote.

MAGISTER ABSTRACTIONUM.

Le maître des abstractions, nom donné à François de Mayronius.

MAGISTER SENTENTIARUM.

Le maître des sentences, nom donné à Pierre Lombard.

MALUM.

Le mal est l'absence d'une entité que le sujet doit posséder d'après sa nature. Ex. : La cécité chez l'homme. Ce n'est pas une simple privation, un défaut ; c'est le manque d'une perfection due au sujet. « Le mal, dit S. Thomas, exprime une privation, c'est pourquoi, le fait de manquer d'une chose à laquelle nous n'avons pas droit naturellement, peut s'appeler un défaut, mais on ne peut l'appeler un mal à moins qu'il ne s'agisse de l'absence d'un bien qu'on devrait naturellement posséder » (in lib. II Sent., dist. xxx, q. 1, a. 2). « Aucun être n'est mauvais par essence, ni par participation, mais par privation de participation » (1re part., q. XLIX, a. 3).

MALUM — BONUM.

Le bien est ce qui est appétitif. V. *Bonum*. — Le mal est ce que repousse la faculté.

MALUM CULPÆ. — MALUM PŒNÆ.

Le mal de faute est le mal moral ou le défaut de conformitéentre l'acte libre et la loi morale; — le mal de peine, châtiment du mal de faute, est l'altération subie par l'être coupable. V. S. Thomas (1ʳᵉ part., q. XLVIII, a. 5). « Le mal de la peine, dit ailleurs l'ange de l'école, est opposée au bien de la créature, mais le mal de la faute l'est au bien incréé» (1ʳᵉ part., q. XLVIII, a. 6 et 1ʳᵉ de de la 2ᵉ, q. LXXIX, a. 1).

MALUM METAPHYSICUM. — PHYSICUM. — MORALE.

D'après Leibnitz et la plupart des philosophes modernes, le mal métaphysique est la limite de perfection chez les créatures ; mais ce n'est là qu'une absence de qualité et non un mal.— Le mal physique est la privation d'une perfection physique due au sujet : Ex : La cécité chez l'homme. — Le mal moral est le défaut de conformité entre l'acte libre et la loi morale.

MATERIA.

La matière. D'après les scolastiques, la matière en général est tout ce qui peut recevoir quelque disposition, modification, forme, actuation.

MATERIA. — FORMA.

Opposée à la forme, la matière signifie en général tout ce qui peut être déterminé, perfectionné, spécifié.

— La forme est ce qui détermine la matière, la perfectionne et la spécifie. Ex. : L'eau sert à une foule d'usages : elle lave, elle rafraîchit, elle sert au baptême. La lotion d'eau réclame donc une détermination spéciale pour servir par exemple au baptême ; si je lave le front d'un enfant en prononçant les paroles : Je te baptise..., etc., je détermine l'usage de l'eau. L'eau, la lotion, voilà l'être indéterminé, c'est la matière ; les paroles prononcées déterminent et spécifient cette lotion, c'est la forme.

MATERIA COMMUNIS. — MATERIA SIGNATA.

La matière commune est la matière considérée en général. — La matière désignée est la matière considérée dans un être déterminé, dans tel ou tel individu.

MATERIA EX QUA. — IN QUA. — CIRCA QUAM.

La matière de laquelle, *ex qua*, indique ce qui est en puissance pour l'être substantiel. Ex. : La matière première du bois est en puissance de devenir cendres, elle matière *ex qua*, de laquelle les cendres peuvent être produites. — La matière dans laquelle, *in qua*, désigne ce qui est en puissance pour l'être accidentel. Ex. : Le bois peut être rond, carré, il est donc, vis-à-vis de ces diverses formes qu'il peut prendre, matière *in qua*. — La matière autour de laquelle, *circa quam*, indique ce qu'une chose a pour objet. Exc. La théologie a pour matière *circa quam* l'étude de Dieu connu par les lumières de la Révélation. V. S. Thomas (1re de la 2e, q. LV, a. 4).

MATERIA POTENTIÆ UNIVERSALIS, — PARTICULARIS.

La matière de puissance universelle indique l'aptitude que la matière, considérée en général, possède de pouvoir recevoir successivement toutes les formes, toutes les déterminations. — La matière de puissance particulière est l'aptitude qu'une matière déterminée possède de recevoir certaines formes, certaines déterminations spéciales.

MATERIA PRIMA.

La matière première est une puissance substantielle; elle est ce qui peut devenir substance. C'est quelque chose de réel, puisqu'elle est apte à devenir toute espèce de substance; cependant elle n'est pas une substance actualisée, mais seulement une puissance à être actualisée. Pour exprimer cette indifférence de la matière première à être telle ou telle chose, Aristote la définit: *Materia non est quid, neque quantum, neque quale, neque aliquid eorum quibus ens determinatur* (lib. VII Met., c. 3); la matière n'est pas une chose déterminée, un être existant, un acte (*quid*), elle n'est pas la quantité d'une chose (*quantum*), ni aucune de ses qualités (*quale*), ni enfin quoi que ce soit de ce qui détermine l'être. Elle est tout à fait indéterminée ; elle n'est ni bois, ni pierre, ni plante, ni corps humain, mais elle peut devenir bois, pierre, plante, corps humain suivant la forme substantielle qui la détermine. Pour exprimer cette aptitude de la matière première, S. Augustin la définit : La matière première est quelque chose qui n'a, par soi, aucune essence et aucune propriété, mais qui peut recevoir toute espèce d'essence et de propriété »(Confess., liv. xii, chap. 6). On entend par matière première, dit S. Thomas, une puissance qui n'a aucune espèce et aucune forme mais qui est susceptible de recevoir toutes les espèces et toutes les formes; elle n'est en acte que par la forme, d'elle-même elle n'est qu'en puissance. — (Quest. disp., De spirit. creat., a. 1). On donne à la matière première, observe ailleurs S. Thomas, le nom de terre parce qu'elle est informe, celui d'eau parce qu'elle est le sujet qui reçoit, celui d'abîme parce qu'elle est sans beauté (1ʳᵉ part., q. LXVI, a. 1). — La matière première est incorruptible et ingénérable. Il est donc nécessaire qu'elle soit créée ou anéantie par Dieu. V. S. Thomas (1ᵗᵒ part, q. XLVI, a. 1).

MATERIA PRIMA NULLAM DE SE HABET EXISTENTIAM, SED SOLUM EXISTIT PER EXISTENTIAM COMPOSITI.

ᵗ La matière première n'existe pas en elle-même, mais seulement par l'existence du composé. La matière première n'est qu'une puissance; elle exige donc la forme pour être en acte et existe ainsi dans le composé. V. S. Thomas (1ᵉʳ part., q. VII, a. 2 et q. XLVI, a. 1).

MATERIA PRIMA. — FORMA SUBSTANTIALIS.

La matière première est ce qui est susceptible de recevoir tout genre d'espèce. Elle est indifférente à toutes les essences, comme la cire à toutes les empreintes. — La forme substantielle est ce qui détermine la matière première à une espèce déterminée.

MATERIA PRIMA, — SECUNDA.

La matière première est une pure puissance substantielle n'ayant aucun acte d'essence, mais étant capable de recevoir toute espèce d'essences et de formes. On l'appelle première parce qu'elle ne réclame aucun sujet sur lequel elle repose. — La matière seconde est la matière considérée comme ayant reçu une forme et une essence. Ex. : La matière du papier dans ce livre. On l'appelle seconde parce qu'elle suppose un sujet constitué. La matière première est le sujet du changement substantiel ; la matière seconde est le sujet des changements accidentels.

MATERIA PROPOSITIONIS IN QUA, — CIRCA QUAM.

La matière *in qua* de la proposition n'est autre que le sujet et l'attribut de la proposition. — La matière *circa quam* désigne les objets exprimés par les termes de la proposition.

MATERIALE, — FORMALE OBJECTUM.

L'objet matériel est l'objet considéré en lui-même. — L'objet formel est l'objet considéré sous un certain rapport, sous un point de vue spécial. Ex. : Dieu est l'objet matériel des trois vertus théologales. — Dieu en tant que véridique est l'objet formel de la foi ; en tant que fidèle l'objet formel de l'espérance ; en tant qu'aimable l'objet formel de la charité. Ainsi l'étude de Dieu est l'objet de la Théodicée et de la Théologie. Dieu connu par la révélation est l'objet formel de la théologie ; Dieu connu par les lumières de la raison est l'objet formel de la Théodicée.

MATERIALITER. — FORMALITER.

Matériellement, c'est-à-dire en soi, suivant la nature propre de l'objet. — Formellement, c'est-à-dire suivant un certain rapport, suivant un point de vue spécial.

MEDII EXCLUSIVI PRINCIPIUM.

Le principe du moyen exclu s'énonce ainsi : Toute chose est ou n'est pas.

MEDIUM.

Ce mot désigne le terme moyen dans les propositions, — ou encore le milieu, ce qui est éloigné des excès dans les choses morales, — enfin le moyen qui nous fait atteindre la fin.

MEDIUM MORALE.

Le moyen moral est ce qu'emploie l'agent libre pour atteindre sa fin. Les moyens doivent être toujours proportionnés à la fin à obtenir.

MEDIUM NOBILIUS EST EXTREMIS.

Le milieu est préférable aux extrêmes. Axiome de morale. L'exagération d'une qualité est en effet le commencement d'un défaut. Cet axiome s'exprime aussi par ces mots : *In medio virtus.*

MEDIUM QUOD, — QUO, — SUB QUO, — IN QUO.

Le milieu *quod* est l'intermédiaire entre l'agent qui opère et le patient qui reçoit l'action. Ex. : L'air est le milieu *quod* de la transmission des sons. — Le milieu *quo* est ce par quoi l'agent opère. Ex. : Dans notre connaissance l'espèce intelligible est le *medium quo.* — Le milieu *sub quo* est ce qui perfectionne la puissance pour qu'elle opère. Ex. : La lumière de l'intellect agent par rapport à l'intellect possible. — Le milieu *in quo* est ce dont la vue conduit notre intelligence à la connaissance d'une autre chose. Ex. : La vue d'un effet nous fait connaître la cause, la vue d'un portrait nous fait connaître un homme.

MEDIUM REI. — MEDIUM RATIONIS.

Le milieu de la chose indique ce qui est également

éloigné des excès dans l'objet considéré en lui-même. Ex. : Le medium de la prudence, de la justice. — Le milieu de raison est ce qui est éloigné des excès suivant le point de vue rationnel, eu égard aux circonstances de temps, de personues, de fortune, etc. C'est ainsi que le *medium* de la générosité n'est pas le même pour le riche et pour le pauvre.

MEMORIA INTELLECTUALIS. — MEMORIA SENSITIVA.

La mémoire intellectuelle est la faculté de conserver nos connaissances intellectuelles. Elle a pour objet les choses passées, S. Thomas (1re partie, q. LXXIX, a. 6). Elle ne diffère pas en réalité de l'intellect possible (1re part., q. LXXIX, a. 7). — La mémoire sensible est la faculté de conserver et de reproduire les sensations antérieures. C'est une faculté sensitive dont l'organe est le cerveau. Cette faculté appartient aux animaux : « La brebis et l'oiseau, dit S. Augustin, possèdent la mémoire ; sans elle ni la brebis ne retrouverait la bergerie, ni l'oiseau son nid » (Confessions, liv. x, chap. XVII). La mémoire sensible est appelée par S. Thomas le trésor des espèces intentionnelles (1re part., q. LXXVIII, a. 4). — La mémoire intellectuelle subsiste dans l'âme séparée, mais non la mémoire sensible (1re partie, q. LXXVII, a. 8).

METAPHYSICE. — PHYSICE. — MORALITER.

Très souvent on emploie ces adverbes dans les

acceptions suivantes : métaphysiquement, c'est-à-dire la chose considérée en soi, absolument, d'une façon générale, comme appartenant à tous les êtres, dépassant toutes les distinctions de genres, d'espèces, d'individus, — Physiquement, c'est-à-dire l'objet considéré dans un être déterminé, dans une nature particulière, — Moralement, c'est-à-dire considéré dans les rapports avec la règle des mœurs, la loi morale.

MIXTI TERMINI.

Les termes mixtes. V. *Categorematici termini.*

MIXTIO. — MISCIBILE. — MIXTUM.

La mixtion est la composition des corps. — *Miscibile* désigne ce qui peut entrer dans la composition d'un corps. — *Mixtum* désigne le corps composé.

MOBILE.

L'être mobile est tout ce qui peut être soumis au mouvement.

MOBILE IDEM NON POTEST PER SE AFFIGI MOTIBUS CONTRARIIS.

Le même mobile ne peut par lui-même être affecté de mouvements contraires. Il ne peut en effet se rapprocher du but et s'en éloigner en même temps. Accidentellement et par des mouvements locaux, le mobile peut être affecté de deux mouvements contraires. Ex. : Le voyageur peut, dans un char qui l'e. traîne, se mouvoir dans un sens opposé à la direction du char.

MOBILE IDEM SECUNDUM DIVERSAS PARTES POTEST AFFICI MOTIBUS CONTRARIIS.

Le même mobile peut, dans ses diverses parties, être affecté de mouvements contraires. Ex. : Un homme peut avancer la main et reculer le pied.

MOBILE PRIMUM.

Le mobile premier, pour les anciens philosophes, était le plus élevé de tous les cieux ; celui qui, d'après eux, imprimait le mouvement aux autres. V. *Cœlum*.

MODI SYLLOGISMI.

Les modes du syllogisme sont les diverses manières dont les propositions sont disposées dans le syllogisme, suivant leur quantité et leur qualité. Les propositions sont désignées par les quatre lettres A. E. I. O. — A désigne la proposition universelle affirmative, E la proposition universelle négative, I la proposition particulière affirmative, O la proposition particulière négative. — On compte dans chacune des quatre figures du syllogisme (V. *Figuræ syllogismi*) 16 modes possibles, ce qui donne un total de 64 combinaisons. Mais toutes ces combinaisons ne sont pas légitimes, ni tous ces modes concluants. On ne compte que 19 modes légitimes

4 appartiennent à la première figure (sub-præ) ; on les désigne par les mots BARBARA, CELARENT, DARII, FERIO. Les voyelles renfermées dans ces mots indiquent la nature des trois propositions. Ainsi un syllogisme en BARBARA a ses trois propositions universelles affirmatives ; celui en CELARENT a la majeure universelle négative, la mineure universelle affirmative, la conlusion universelle négative. Le syllogisme en DARII a la majeure universelle affirmative, la mineure et la conclusion particulières affirmatives Le syllogisme en FERIO a la majeure universelle négative, la mineure particulière affirmative, la conclusion particulière négative.

Dans la seconde figure (præ-præ) on trouve également 4 modes légitimes désignés par les quatre mots suivants : CESARE, CAMESTRES, FESTINO, BAROCHO.

La troisième figure (sub-sub) compte six modes concluants, désignés par les mots : DARAPTI, FELAPTON, DISAMIS, DATISI, BOCARDO, FERISON.

Cinq modes légitimes appartiennent à la quatrième figure (præ-sub). Ces modes sont désignés par les mots : BARBARI, CAMENTIS, DEMITIS, FRESAPNO, FRESISON.

A la place de ces mots barbares qui n'ont aucun sens, le Père Cornoldi propose des noms de ville.

1ᵣₑ figure : Malaga, Ternate, Parigi, Treviso ; —

2ᵉ figure : Gerace, Atene, Messico, Marocco ; — 3ᵉ figure : Trapani, Bergamo, Chiari, Aiti, Bolzamo, Berlino, etc. On pourrait également trouver des noms français de trois syllabes renfermant les voyelles nécessaires. Mais il est douteux qu'on détrône les anciens termes.

MODUS OPERANDI SEQUITUR MODUM ESSENDI.

La manière d'opérer suit l'essence de l'être. V. *Operari sequitur esse.*

MORALITER. — PHYSICE.

Moralement ; physiquement. V. *Metaphysice.*

MOTIO PHYSICA, — MORALIS.

La motion physique est l'action immédiate, directe, exercée sur une cause pour la déterminer à agir. — La motion morale est l'action qu'on exerce sur une cause en l'invitant à agir par attrait, persuasion, prières, ordres ou menaces. V. *Præmotio physica.*

MOTRIX FACULTAS.

La faculté motrice. V. *Facultas motrix.*

MOTUS.

Pris dans son sens le plus large, le mouvement, dit Goudin, est toute opération. Les opérations immanentes : vivre, comprendre, vouloir, peuvent se dire mouvements; dans ce sens le mouvement est attribué à Dieu. — Dans un sens plus restreint, le mouvement indique tout changement corporel et incorporel; Dieu est immobile parce qu'il est immuable, tandis que les créatures sont sujettes aux changements. — Dans le sens propre, le mouvement est le changement sensible qui appartient aux corps; il peut être défini: La tendance actuelle d'un être mobile vers son terme. « Le mouvement, dit Aristote, est l'acte du mobile venant du moteur. » (In III *Physicorum*.) Le mouvement du mobile révèle la force du moteur; ce qui explique comment les choses mues par la raison paraissent intelligentes; l'esprit les dirige en quelque sorte.

MOTUS A DEO CUILIBET CREATURÆ IMPRESSUS NON EST EI VIOLEN-TUS SED MAXIME NATURALIS.

Tout mouvement imprimé par Dieu à la créature ne lui est pas violent, mais naturel, parce que la sagesse de Dieu ne peut agir sur les créatures que d'après la nature de celles-ci. V. S. Thomas (1er de la 2e, q. x, a. 4).

MOTUS ACCRETIONIS, — DECRETIONIS, — ALTERATIONIS.

Le mouvement d'augmentation désigne une addition de quantité à l'être; — le mouvement de diminution un retranchement de quantité; — le mouvement d'altération un changement quelconque.

MOTUS GENERATIONIS. — AGGENERATIONIS. — NUTRITIONIS.

Le mouvement de génération est la production d'un être vivant. — Le mouvement d'aggénération est la production d'une partie d'un être inanimé. — Le mouvement de nutrition est la croissance des êtres vivants par la nourriture.

MOTUS LATIONIS.

Le mouvement de relation désigne le mouvement local. V. *Motus locales.*

MOTUS LOCALES.

Les mouvements locaux ou animaux sont ceux qui sont exécutés sous l'empire de la faculté locomotrice. Ex. : La marche, le geste. On les distingue des mouvements simplement organiques, qui ne sont ni exécutés, ni dirigés par l'âme, mais qui obéissent aux seules forces physiques et organiques. Ex. : La circulation du sang.

MOTUS LOCALIS EST PERFECTIOR CÆTERIS MOTIBUS.

Le mouvement local est plus parfait que les autres mouvements. S. Thomas (1re part., q. cx, a. 3).

MOTUS PRÆDICATOR ÆQUIVOCE DE OPERATIONE CORPORALI ET DE OPERATIONE SPIRITUALI.

Le mouvement se dit équivoquement de l'opération corporelle et de l'opération spirituelle. S. Thomas (1re part., q. xviii, a. 3).

MOTUS AD QUANTITATEM, — AD QUALITATEM, — AD LOCUM.

Le mouvement de quantité est celui qui comprend l'augmentation et la diminution. — Le mouvement de qualité est celui qui comprend une altération plus ou moins intense. — Le mouvement local ou de transport est celui qui comprend un déplacement de lieu.

MOTUS CONTRARIETAS SUMITUR EX OPPOSITIONE TERMINORUM.

La contrariété des mouvements résulte de l'opposition des termes vers lesquels tendent les mouvements. Les mouvements sont en effet spécifiés par leurs termes, V. *Motus distinctio.*

MOTUS DISTINCTIO SPECIFICA DESUMITUR A TERMINO.

La distinction spécifique des mouvements résulte des termes vers lesquels ils tendent. Le mouvement est en effet une tendance vers le terme, il y aura donc autant de mouvements distincts que de termes différents.

MOTUS TERMINUS EST RES ET QUIES.

Le terme du mouvement est double : la chose à laquelle tend le mouvement et le repos dans cette chose. S. Thomas (1re partie, q. v, a. 6).

13

MOVENS MOTUM, — NON MOTUM.

Le moteur mû n'est autre que l'instrument qui reçoit l'impulsion de l'agent principal, lequel est le moteur non mû.

MOVENS PRIMUM DEBET ESSE IMMOBILE.

Le premier moteur doit être immobile. S'il n'était pas immobile, il recevrait son action d'un autre moteur, il ne serait donc pas le premier moteur.

MOVET ALIQUID IN QUANTUM EST ACTU, MOVETUR IN QUANTUM EST POTENTIA.

Tout être meut en tant qu'il est en acte et il est mû en tant qu'il est puissance. Mouvoir en effet c'est agir, et un être n'agit qu'en tant qu'il est en acte. Etre mû, c'est être passif, c'est recevoir une action ; un être ne peut recevoir une action qu'en tant qu'il est en puissance.

MOVETUR QUIDQUID AB ALIO MOVETUR.

Tout ce qui se meut est mû par autrui, c'est-à-dire par un moteur distinct de lui. Un être en effet ne peut se donner le mouvement à lui-même, mais doit le recevoir d'un autre : Dieu, le premier moteur immobile, donne le mouvement à tout l'univers.

MULTIVOCI TERMINI.

Les termes multivoques ou polyonymes sont ceux

qui expriment la même notion à l'aide de plusieurs mots. Ex. : Les mots sabre, épée, glaive, sont multivoques ; ce sont les synonymes grammaticaux.

MUTATIO.

Le changement . C'est le passage de la puissance à l'acte.

N

NATURA.

Etymologiquement le mot nature vient du verbe latin *nasci*, *nasciturum*, naître, car c'est de la nature que découlent, naissent toutes les propriétés et les opérations de l'être. Le mot nature se prend en plusieurs sens différents. 1° Pour l'ordre de la naissance ; « la nature, dit S. Thomas, est l'équivalent de naissance ou de nativité, c'est pourquoi ce nom a été formé d'abord pour signifier la génération des êtres vivants » (1ʳᵉ part., q. XXIX, a. 1). 2° Pour l'essence considérée comme principe d'action et d'opération. « La nature, dit S. Thomas, signifie l'essence d'une chose en tant qu'elle a une certaine aptitude pour son opération propre. » (De ente et ess., c. 1). 3° Pour les éléments constitutifs des êtres : matière et forme ; c'est ainsi que nous disons : la nature humaine. 4° Pour la forme substantielle. « La forme substantielle, dit S. Bonaventure, par rapport à l'opération, se nomme

nat re » (in lib. 1 Sent., dist. xxxi, p. 2, dub. 4).
5° l our les agents naturels. « La nature ne fait rien
en vain, dit Aristote, » (De cœlo, lib. vii, c. 4)..
6° Pour l'universalité des êtres du monde entier.
7° Pour l'auteur et le créateur du monde.

NATURA DETERMINATUR AD UNUM.

La nature est déterminée à une chose, c'est-à-dire
les causes naturelles, placées dans les mêmes conditions, produisent toujours les mêmes effets.

NATURA NATURANS. — NATURA NATURATA.

L'expression *natura naturans* désigne l'auteur de
tout ce qui existe, — celle de *natura naturata,* l'ensemble de tous les êtres créés.

NATURA NON FACIT SALTUM.

La nature ne fait pas de sauts, c'est-à-dire dans la
nature les genres et les espèces qui s'avoisinent ont
entre eux des points de contact.

NATURA. — PERSONA.

La nature est le principe par lequel un être agit,
principium quo. — La personne est le principe qui
agit, *principium quod.* V. *Persona.*

NATURA. — VIOLENTIA.

Opposée à la violence, la nature est tout principe

intrinsèque qui permet à un être d'agir et de suivre les inclinations conformes à son essence. Ex. : La nature de l'homme est de penser. — La violence est tout principe intrinsèque qui imprime à un être un mouvement contraire aux inclinations de sa nature. Ex. : On fait violence à un homme lorsque, malgré lui, on le jette en prison.

NATURALE. — VIOLENTUM. — ARTIFICIALE.

Le naturel, le violent, l'artificiel. V. *Artificiale, naturale, violentum.*

NECESSARIUM.

Le nécessaire est ce qui ne peut pas ne pas être : Dieu est l'être nécessaire.

NECESSARIUM ABSOLUTE. — NECESSARIUM EX HYPOTHESI.

L'absolument nécessaire est ce qui ne dépend d'aucun autre : Dieu. — L'hypothétiquement nécessaire est ce qui implique une relation essentielle avec un autre. Ex. : L'air est nécessaire à l'homme pour vivre.

NECESSARIUM METAPHYSICE, — PHYSICE, — LOGICE.

Le métaphysiquement nécessaire est ce qui ne peut pas ne pas exister : Dieu. — Le physiquement nécessaire est ce qui doit être d'après les causes naturelles. — Le logiquement nécessaire est ce qui est réclamé par la nature des termes.

NECESSARIUM PHYSICE. — NECESSARIUM MORALITER.

Le physiquement nécessaire est ce sans quoi un être ne peut opérer. Ex.: Les yeux sont physiquement nécessaires pour voir. — Le moralement nécessaire est ce sans quoi on ne peut opérer que très difficilement.

NECESSARIUM SEQUITUR EX NECESSARIO.

Du nécessaire on doit conclure le nécessaire. Axiome. Ainsi un syllogisme dont les prémisses sont nécessaires aura une conclusion nécessaire.

NECESSARIUM SIMPLICITER. — NECESSARIUM SECUNDUM QUID.

Le nécessaire absolu ou simplement nécessaire est ce sans quoi un être ne peut exister. — Le nécessaire relatif ou nécessaire sous certain rapport, *secundum quid*, est ce sans quoi un être peut exister, mais très difficilement.

NECESSITAS AB INTRINSECO. — NECESSITAS AB EXTRINSECO.

La nécessité interne est une inclination naturelle et irrésistible qui nous pousse à agir. Ex. : L'homme désire nécessairement le bonheur. — La nécessité externe est une force extérieure qui s'oppose à l'inclination de la volonté. On l'appelle aussi violence, contrainte, coaction. Ex. : Lorsqu'on jette, de force, un homme en prison.

NECESSITAS ANTECEDENS. — NECESSITAS CONSEQUENS.

La nécessité antécédente est celle qui découle de la nature de la cause ; elle détruit la liberté. Elle provient ou de la violence et elle se nomme alors nécessité de coaction ; ou d'une inclination naturelle et irrésistible, on l'appelle alors nécessité *ab intrinseco*. — La nécessité conséquente est celle qui résulte de quelque chose qu'on présuppose. Ex. : Un peintre est libre de faire ou non un tableau ; mais, supposé qu'il ait peint, il est nécessaire que le tableau existe. Cette nécessité ne détruit pas la liberté. La nécessité antécédente s'appelle aussi nécessité absolue, tandis que la nécessité conséquente se nomme nécessité hypothétique.

NECESSITAS EXERCITII. — NECESSITAS SPECIFICATIONIS.

La nécessité d'exercice consiste en ce que la cause placée devant son objet ne peut pas ne pas agir ; c'est ainsi que la main, si elle n'est pas malade, ne peut pas ne pas sentir la chaleur lorsqu'elle est proche du feu. — La nécessité de spécification consiste en ce que la cause ne peut produire que des effets d'espèce déterminée. Ex. : Notre raison ne peut qu'admettre la vérité des premiers principes, elle ne peut pas les rejeter comme faux.

NECESSITAS NATURÆ.

La nécessité de nature n'est autre que la nécessité interne. V. *Necessitas ab intrinseco*.

NEGATIVUM. — PRIVATIVUM.

Le négatif désigne simplement l'absence d'être. Ex. : L'absence de la vie dans la statue. — Le privatif est l'absence de quelque manière d'être chez un sujet qui doit posséder la qualité qui fait défaut. Ex. : La cécité chez l'homme. « L'essence de la privation, dit saint Thomas, suppose qu'un être réclame une chose qu'il n'a pas et qu'il doit naturellement posséder. » (In lib. 1 Sent., dist. xxxiv, q. 1).

NIHIL EST IN INTELLECTU QUIN PRIUS FUERIT IN SENSU.

Voici comment Scott explique ce principe : rien ne nous est connu par un acte de l'intellect que la connaissance sensitive, qui a lieu par les sens, ne l'ait précédé ; cette première connaissance acquise, les connaissances subséquentes du sens commun et de la phantaisie s'en déduisent naturellement. » (In lib. xii Met. questi., lib. i, q. iv, n. 4).

NOMEN POSITIVUM. — NOMEN NEGATIVUM.

Le nom positif exprime une chose existant réellement. Ex.: Paul, la vertu.— Le nom négatif marque l'absence d'une chose, une privation quelconque. Ex. : Les ténèbres.

NOMEN PRIMÆ INTENTIONIS, — SECUNDÆ INTENTIONIS.

Le nom de première intention exprime l'objet

connu par l'acte direct de l'intelligence. — Le nom de seconde intention exprime l'objet connu par l'acte réflexe de l'intelligence.

NOMEN TRANSCENDENS. — NOMEN SUPERTRANSCENDENS.

Le nom transcendant exprime tout ce qu'on peut dire d'une chose vraie, quelle qu'elle soit. Les mots transcendants sont au nombre de sept : *ens, res, aliquid, bonum, verum, unum*. — Le nom supra-transcendant se dit de tout, même des êtres de raison.

NON DATUR ACTIO IN DISTANS.

Il n'y a pas d'action à distance. Axiome. Il est nécessaire pour que l'action se produise que l'agent soit uni au patient, soit d'une présence de suppôt, soit d'une présence virtuelle. V. *Præsentia suppositi*.

NON VOLUNTARIUM.

Le non volontaire est ce qui ne procède pas de la volonté quoique celle-ci ne lui soit pas contraire. Ex. : La circulation du sang. « On trouve, dit S. Bonaventure, certains actes auxquels la volonté ni n'acquiesce comme cause, ni ne contredit. »

NOTIONES SECUNDÆ.

Les notions secondes sont les êtres de raison, les productions de notre imagination. Ex. : Les chimères.

On les appelle secondes, parce qu'elles supposent des notions premières antérieurement acquises.

NUNC.

Maintenant. Ce mot marque l'instant ou le moment présent et indivisible du temps.

O

O. — Lettre qui, dans certains mots conventionnels, servait à désigner les propositions particulières
négatives. V. la lettre A et l'article *Modi syllogismi.*

OBJECTIVE. — SUBJECTIVE.

Objectivement, en soi, par rapport à l'objet
connu — subjectivement, par rapport au sujet
connaissant.

OBJECTUM FORMALE. — OBJECTUM MATERIALE.

L'objet matériel est l'objet considéré en lui-même.
— L'objet formel est l'objet considéré sous un point
de vue particulier. Ex. : Dieu est l'objet matériel des
trois vertus théologales, Dieu en tant que véridique
est l'objet formel de la foi.

OBJECTUM INTELLECTUS ADÆQUATUM, — PROPORTIONATUM.

L'objet adéquat d'une faculté est tout ce qui peut

être saisi par cette faculté ; l'objet adéquat de l'intellect est tout ce qui peut être connu par l'intellect, considéré comme intellect. Ex. : Tout ce qui est intelligible. — L'objet proportionné de notre intellect est tout ce qui peut être connu par l'intellect uni à un corps. Ex. : Les essences qui peuvent être abstraites des choses sensibles. — L'objet adéquat de l'intellect est tout ce qui est intelligible. L'intellect donc considéré en lui-même peut exercer son action sur une infinité d'êtres. Il est en puissance à tout, *in potentia ad omnia*, comme on disait au moyen âge ; suivant la parole d'Aristote, il peut tout devenir : *Potens omnia fieri.* S. Thomas ne craint pas de dire : On trouve dans notre intellect l'infini en puissance, pour ce qui est de connaître les choses les unes après les autres, parce que notre intellect n'arrive jamais à connaître tant de choses qu'il ne puisse en connaître davantage (1re part., q. LXXXVI, a. 2.) — L'objet proportionné de l'intellect ce sont les essences qui peuvent être abstraites des choses sensibles ; « l'objet de notre intellect dans son état présent, dit S. Thomas, embrasse tout ce qui est être et tout ce qui est vrai, mais l'être et le vrai considérés dans les choses matérielles, par lesquelles l'intellect parvient à la connaissance de toutes les autres choses » (1re part., q. LXXXVII, a. 3).

OBJECTUM PRIMARIUM ET PER SE. — SECUNDARIUM ET PER ACCIDENS.

L'objet premier et *per se* est celui vers lequel la puissance se porte directement par elle-même. — L'objet secondaire et accidentel est celui qui est contenu dans l'objet premier et celui vers lequel la puissance ne se porte qu'à cause de l'objet premier.

OBJECTUM QUOD. — OBJECTUM QUO.

L'objet que, *quod*, n'est autre que le but, la fin, le terme. — L'objet pour lequel, *quo*, n'est autre que le motif.

OBLIQUUM. — RECTUM.

L'oblique; le droit. Ces mots ont plusieurs significations : le premier se prend pour directement, primitivement; le second, pour indirectement, secondairement. — La locution *in recto* appliquée à la désinence d'un terme marque le nominatif; *in obliquo*, le génitif, ou tout autre cas régi par le nominatif. — Dans les choses elles-mêmes, *in recto* désigne le concret, *in obliquo* l'abstrait.

OCCASIONALITER. — CAUSALITER.

Par l'occasion, par la cause. Le premier de ces adverbes marque une circonstance qui invite à agir, le second indique la véritable cause.

ÆVUM.

La perpétuité est la durée d'un être qui, invariable dans sa substance, subit des modifications dans ses opérations et ses accidents. V. *Tempus.*

OPERARI SEQUITUR ESSE.

La nature de l'opération suit la nature de l'être. L'opération venant de l'être, il est incontestable que la nature de l'opération doit être en rapport avec la nature de l'être. « Chaque chose, dit saint Thomas, opère suivant sa nature. » (1re part., q. LXXV, a. 2).

OPPOSITA CONTRADICTORIE, — CONTRARIE.

Deux choses sont opposées contradictoirement lorsque l'une est l'être et l'autre simplement sa négation. Ex. : Aimer et ne pas aimer. — Deux choses sont opposées contrairement lorsque, s'éloignant le plus possible l'une de l'autre dans le même genre, elles sont diamétralement opposées et s'excluent réciproquement. Ex. : Aimer ou haïr. V. *Propositiones contradictoriæ. — Contrariæ.*

OPPOSITIO.

L'opposition dans la proposition est l'affirmation et la négation du même attribut concernant le même sujet, considéré sous le même rapport. Deux propositions sont donc opposées lorsque, ayant le même sujet et le même attribut, l'une nie et l'autre affirme.

OPPOSITIO CONTRADICTORIA, — CONTRARIA, -- SUBCONTRARIA.

L'opposition est contradictoire, contraire ou sub-contraire lorsque les propositions opposées sont contradictoires, contraires ou subcontraires. V. *Propositiones contradictoriæ, contrariæ, subcontrariæ.*

ORATIO.

L'oraison, le discours. C'est l'expression d'une idée, d'une pensée, c'est le mot. « L'oraison, dit Aristote, est une expression ayant une signification d'après le consentement de tous » (De interpr., c. 4, parag. 1).

P

PALINGENESIA.

La palingénésie, ou régénération, est l'erreur des panthéistes, enseignant que l'âme, séparée du corps par la mort, retourne à la substance divine dont elle était une émanation.

PARALOGISMUS.

Le paralogisme, ou syllogisme apparent, est un raisonnement qui pèche contre les règles. Ce n'est pas un syllogisme. Ex. : Le sultan est à Constantinople. Or le czar est à St-Pétersbourg : donc le roi d'Espagne est à Madrid.

PARS HOMOGENEA. — PARS HETEROGENEA.

La partie homogène est celle qui possède la même nature et la même appellation que le tout. Ex. : La goutte d'eau par rapport à l'eau du fleuve. — La partie hétérogène est celle qui n'a pas la même nature et la même appellation que le tout. Ex. : Les cheveux sont des parties hétérogènes du corps.

PARTIES INTÉGRANTES.

Les parties intégrantes sont celles qui appartiennent à la perfection naturelle de l'être et sans lesquelles l'être serait imparfait. Ex. : Les bras pour l'homme. V. S. Thomas (3e part., q. xc, a. 1).

PARTITIO.

Partition, division, distribution. Les anciens philosophes réservaient ce mot pour désigner la division d'un tout en ses parties intégrantes.

PASSIO.

La passion en général est la réception d'une action. Le mot passion se prend en divers sens : 1o Pour la réception d'une action. « La passion, dit S. Thomas, signifie en général la réception d'une chose, de quelque façon qu'elle ait lieu ; dans un sens plus restreint, elle signifie un effet reçu dans un être qui tient lieu de patient » (1re part., q. LXXIX, a. 7). V. *Actio, Passio*. V. S. Thomas (1er part., q. XIV, a. 2). — 2o Pour la réception d'une chose fâcheuse, pénible, douloureuse. Ex. : La passion de Notre-Seigneur. V. S. Thomas (3e part., q. XV, a. 4). — 3o Pour la réception d'une action destructive. Ex. : La fleur flétrie par une chaleur excessive meurt faute d'humidité. V. S. Thomas (1ʳᵉ part. de la 2ᵉ, q. xxii, a. 1). 4° Pour une propriété qui suit l'essence. Ex. : La flexibilité est la passion de l'acier. — 5° Pour le mouvement d'un objet vers un autre, d'un être vers sa fin. Ex. : La passion de l'intellect est de connaître. V. S. Thomas (1ʳᵉ part., q. lxxxii, a. 5). — 6° Pour les mouvements désordonnés de l'appétit, les mouvements violents de l'âme qui poursuit un objet ou s'en éloigne. Ex. : La colère. V. S. Thomas (1ʳᵉ part. de la 2ᵉ, q. xxxv, a. 1, et 2ᵉ de la 2ᵉ, q. xxvii, a. 2). — 7° Pour l'altération d'une chose, pour un changement produit. V. *Passio, Qualitas, patibilis.* V. S. Thomas (1ʳᵉ part., q. lxxix, a. 2).

PASSIO. — QUALITAS PATIBILIS.

La passion et la qualité passive ou passible sont deux espèces de qualités (V. *Qualitas*) qui marquent une altération, un changement. L'altération est-elle transitoire, elle se nomme passion. Ex. : La rougeur causée par la honte. L'altération est-elle permanente, elle est appelée qualité passive ou passible Ex. : La rougeur causée par un tempérament sanguin. V. S. Thomas (1ᵉʳ de la 2ᵉ, q. 41, a. 3).

PASSIO EST REI SECUNDUM QUOD EST IN POTENTIA.

La passion se rapporte à l'être selon que celui-ci est en puissance ; c'est donc un défaut. V. S. Thomas,

(1re part., q. xxv, a. 1). Ailleurs S. Thomas ajoute que la passion considérée comme réception d'un acte convient à tout être en puissance (1re de la 2e, q. xxii, a. 1).

PASSIO SUMIT SPECIEM AB ACTU, QUI EST TERMINUS MOTUS.

La passion tire son espèce de l'acte, qui est le terme du mouvement. Saint Thomas (1re de la 2e, q. 1, a 3).

PATI.

Souffrir, être affecté. Ce mot, dit saint Thomas, se prend en trois sens principaux : 1° Souffrir, c'est être privé de ce qui convient à la nature, à la propre inclination de l'être. Ex. : Être privé de la santé, être malade, c'est souffrir. 2° Souffrir, c'est être affecté, soit que la chose qui affecte convienne ou répugne à la nature. Ex. : Guérir, c'est souffrir. 3° Souffrir, c'est recevoir l'acte pour ce à quoi l'être était en puissance. Ex. : L'ouïe souffre du son ; de là l'axiome : *Sensus patitur a suo objecto*, le sens souffre de son objet.

PATI CUM ABJECTIONE ET TRANSMUTATIONE.

Souffrir avec perte et transformation, c'est là le propre de la matière, et on ne rencontre cette souffrance que dans les êtres composés de matière et de forme. V. St Thomas (1re de la 2e, q. xxii, a. 1).

PATIENS.

Le patient est celui qui est affecté, qui est mû, qui reçoit l'action. V. *Actio, passio.*

PER SE. — PER ACCIDENS.

Par soi, c'est-à-dire directement, en vertu de son motif propre. — Par accident, c'est-à-dire indirectement, implicitement, en vertu d'un autre motif. Ex. : Un précepte oblige par lui-même, lorsqu'il oblige en vertu d'un motif qui lui est propre; il oblige par accident, lorsqu'il n'oblige qu'en vertu d'un autre précepte à accomplir. De même une cause produit son effet *per se*, lorsqu'elle le produit directement, par sa vertu propre; elle produit son effet par accident, lorsqu'elle ne le produit qu'indirectement. C'est ainsi que le sacrement de pénitence remet par soi, *per se*, les péchés mortels des pénitents contrits et repentants, et que l'extrême-onction peut remettre, *per accidens*, les péchés mortels.

PERSEITAS. — ASSEITAS. — ABALIETAS.

La perséité est la propriété que possède un être d'exister en lui-même indépendamment de tout autre sujet substantiel. Toute substance jouit de la perséité. — L'asséité est l'attribut de l'être qui existe par lui-même, en vertu de son essence : Dieu. — L'abaliété appartient à l'être qui n'existe que par la vertu d'un autre, *ab alio.* Ex. : La créature.

PERSONA.

La personne est une substance individuelle et complète, subsistant par elle-même d'une façon incommunicable, douée de raison et maîtresse de ses actes. Ex. : Pierre, Paul. La notion de personne est donc constituée non seulement par l'essence et la nature, mais surtout par une manière d'être, un mode d'exister distinct et spécial. La personne doit avoir une subsistance propre. Ainsi on ne pourrait appeler personne une nature qui aurait toutes les qualités de la personne, mais qui ne posséderait pas une subsistance propre. Dans le mystère de l'Incarnation, la nature humaine ne conserve pas sa personnalité, parce qu'elle perd l'actualité de la subsistance; elle ne conserve que son aptitude à subsister. V. S. Thomas (1re part., q. xxix, a. 3, et q. xxx, a. 4).

PERSONA EST RATIONALIS NATURÆ INDIVIDUA SUBSTANTIA.

La personne est la substance individuelle d'une nature raisonnable. C'est la définition de Boëce. V. S. Thomas (1re par., q. xxix, a. 1, et a. 3).

PERSONA. — NATURA.

La nature est le principe par lequel l'être agit, *principium quo*, et la personne est le principe qui agit, *principium quod*.

PERSONA. — SUPPOSITUM.

Opposé à la personne, le suppôt ne se dit que des êtres privés de raison. Ex. : Le lion. — La personne est un suppôt doué de raison. Ex. : L'homme. V. *Suppositum.*

PHANTASIA.

La phantaisie, l'imagination est la faculté par laquelle l'âme conserve les images des choses sensibles perçues antérieurement, et peut se les représenter. C'est une faculté sensible dont l'organe se trouve dans le cerveau. « L'imagination, dit S. Thomas, est un trésor où sont gardées les formes reçues par le moyen des sens. » (1ʳᵉ part., q. LXXVIII, a. 4).

PHANTASMA.

Le fantôme. Les fantômes sont les images des choses sensibles perçues par nos sens. « Notre intelligence ne peut rien comprendre en acte avant de l'avoir abstrait des fantômes » (question x, De veritate, art. 8).

PHILOSOPHIA PRIMA.

La philosophie première est le nom donné par Aristote à la métaphysique générale. Quelquefois la théodicée est désignée par ce nom.

PHILOSOPHUS.

Le philosophe. Ce nom sans autre addition désigne Aristote. Dans sa Somme théologique (1re part., quest. LXXIX, art. 2), S. Thomas écrit : *Philosophus dicit* (De anima, lib. III, test. 12) *quod intelligere est pati quoddam.* Le philosophe, pour Aristote, enseigne que comprendre est une sorte de passion.

PHYSICE. — METAPHYSICE. — MORALITER.

Physiquement, c'est-à-dire considéré dans un être déterminé, dans une nature particulière. V. *Metaphysice, physice, moraliter.*

PHYSICE. — VIRTUALITER.

Physiquement, c'est-à-dire directement, par un contact de quantité ; virtuellement, par un contact de puissance. V. *Contactus physicus, virtualis.*

PHYSICOCHIMISMUS.

Le physicochimisme. V. *Iatrochimismus.*

POLYONYMI TERMINI.

Les polyonymes sont des termes qui expriment la même notion à l'aide de plusieurs noms. Ex. : Les mots sabre, épée, glaive sont polyonymes.

POSITIO.

La position est une proposition qui exprime une

vérité à expliquer et à défendre, c'est une thèse à
prouver, une sorte de théorème à démontrer, une
hypothèse à défendre, un système dont on veut prouver la vérité.

POSITO EFFECTU, PONITUR CAUSA.

Un effet étant donné, on en conclut l'existence
d'une cause qui a produit cet effet. Autrement dit : il
ne peut y avoir d'effet sans cause. Axiome.

POSSIBILE ABSOLUTUM. — POSSIBILE RELATIVUM.

Le possible absolu est tout ce qui n'implique pas
contradiction. — Le possible relatif est tout ce qui
peut être produit par sa cause. V. S. Thomas(1re part.,
q. xxv, a. 4 ; q. xlvi, a. 1).

POSSIBILE PRÆSENS. — MERE POSSIBILE.

Le possible présent est ce qui existe dans le moment
présent. — Le purement possible est ce qui n'existe
pas et reste toujours dans la possibilité.

POSSIBILITAS. — IMPOSSIBILITAS METAPHYSICA, PHYSICA, MORALIS.

Une chose est possible physiquement lorsqu'elle
peut être produite par une cause créée. Ex.: La cons-
truction d'une maison. — Une chose est métaphysiquement impossible lorsqu'il n'existe aucune cause
capable de la produire. Ex. : Un triangle carré. —
Une chose est physiquement impossible et métaphy-

siquement possible lorsqu'elle ne peut être produite que par Dieu seul. Ex. : La création d'un nouvel être. — Une chose est impossible moralement lorsqu'elle est contraire à la conduite ordinaire des hommes. Ex. : La haine de la mère pour son enfant.

POSSIBILITAS FORMALIS, ABSOLUTA, — CAUSALIS, RELATIVA.

La possibilité formelle ou absolue n'est autre que la possibilité intrinsèque. — La possibilité causale ou relative est la possibilité extrinsèque. V. *Possibilitas intrinseca.*

POSSIBILITAS INTRINSECA. — EXTRINSECA.

La possibilité intrinsèque résulte de l'accord entre eux des éléments constitutifs de l'être : l'ensemble des attributs et des propriétés ne renfermant aucune contradiction. Ex. : Un cheval ailé est possible intrinsèquement ; un triangle carré est impossible intrinsèquement. — Une chose est possible extrinsèquement lorsqu'il existe une cause capable de la produire. Ex. : Un tableau est possible pour un peintre.

POST HOC, ERGO PROPTER HOC.

Après cela, donc à cause de cela. Ce principe marque l'erreur qui consiste à assigner comme cause d'un évènement ce qui n'est qu'une circonstance du temps.

POSTPRÆDICAMENTA.

Les postprédicaments sont les modes divers suivant lesquels on peut comparer entre elles les choses prédicamentelles. Aristote en compte cinq : l'opposition, la priorité et la postériorité, la simultanéité, le mouvement et la manière d'être. V. *Prædicamenta, Antepraedicamenta.*

POTENTIA. — ACTUS.

La puissance est ce qui peut être déterminé. — L'acte est ce qui détermine. V. *Esse in actu, in potentia.* V. S. Thomas (1re de la 2me, q. XLIX, a. 1).

POTENTIA ACTIVA. — POTENTIA PASSIVA.

La puissance active est une aptitude à causer l'acte, et la puissance passive une aptitude à recevoir l'acte ; — ne pas confondre la puissance active ou passive avec la faculté active et la faculté passive. V. *Facultas activa, passiva.* « La puissance active, dit S. Bonaventure, est le pouvoir de transformer autre chose, et la puissance passive est le pouvoir d'être transformé par autrui » (in lib. 1 Sent., dist. XLII, a. 1, q. 4). V. *Esse in actu, in potentia.* Consulter S. Thomas (1re part., q. LXXIX, a. 10).

POTENTIA COGNOSCITUR PER ACTUM.

La puissance, comme telle, ne peut être connue que par l'acte qu'elle peut faire ou recevoir. Ex. : La pensée fait connaître l'intelligence.

POTENTIA. — IMPOTENTIA.

La puissance et l'impuissance sont quelquefois considérées comme deux espèces de qualités (V. *Qualitas*) qui disposent la substance à agir. Si la qualité est forte, elle s'appelle puissance. Ex. : La force musculaire de l'athlète. Si la qualité est faible, elle prend le nom d'impuissance. Ex. : La force musculaire chez un vieillard débile.

POTENTIA MÉTAPHYSICA. — PHYSICA.

La puissance métaphysique est la non-répugnance à être ; c'est la possibilité absolue. — La puissance physique est l'aptitude chez un être déjà existant de recevoir un nouveau mode d'être.

POTENTIA NATURALIS, — OBEDIENTIALIS.

La puissance naturelle est l'aptitude à un acte qui ne dépasse pas les forces de la nature ; la puissance obédientielle est l'aptitude à recevoir un acte dépassant les forces de la nature. « La puissance, dit S. Thomas, en vertu de laquelle le premier agent peut élever la créature à un acte supérieur à celui qu'elle peut recevoir de l'agent naturel est ce qu'on appelle faculté obédientielle » (3e part., q. xi, a. 1) ; on l'appelle obédientielle, ajoute le même docteur, parce qu'elle vient de l'obéissance que toute créature doit à son créateur.

POTENTIA ORDINARIA DEI, — ABSOLUTA SEU EXTRAORDINARIA.

La puissance ordinaire de Dieu est ce que Dieu peut faire selon les lois et conditions qu'il a résolu d'observer à l'égard des créatures. — La puissance absolue ou extraordinaire est le pouvoir que Dieu a de faire tout ce qui n'implique pas contradiction et sans égard aux lois et conditions des êtres créés. C'est ainsi que Dieu, par son pouvoir absolu, peut donner, en un instant, à un homme ignare une science égale à celle de Salomon. La puissance ordinaire s'appelle aussi ordonnée, *ordinata*. V. S. Thomas (1re part., q. IX, a. 2, et q. XXV, a. 5).

POTENTIA PASSIVA OBJECTIVE, — SUBJECTIVE.

La puissance passive objective d'un être est la non-répugnance de cet être, sa simple possibilité. — La puissance passive subjective n'est autre que l'être qui reçoit un acte.

POTENTIA PROXIMA. — POTENTIA REMOTA.

La puissance prochaine est celle qui, pour s'actualiser, n'a nul besoin d'un secours étranger. Ex.: L'homme qui n'est pas atteint de cécité possède la puissance prochaine de voir. — La puissance éloignée est celle qui, pour s'actualiser, a besoin d'un secours étranger. Ex. : L'aveugle possède la puissance éloignée de voir ; il ne peut voir que grâce à sa guérison.

POTENTIA PURA, — NON PURA.

La puissance pure est celle qui ne possède aucun acte ; elle n'a aucune détermination, c'est la matière première. — La puissance non pure est celle qui possède quelque degré d'acte ; elle est capable de recevoir d'autres actes ultérieurs.

POTENTIA SPECIFICATUR AB ACTU.

L'acte indique la nature et l'espèce de la puissance. Axiome. C'est ainsi qu'un acte spirituel réclame une puissance spirituelle.

POTENTIALE, — ACTUALE TOTUM.

Le tout actuel est celui qui se compose de parties réalisées et réunies. Ex. : Un édifice. — Le tout potentiel est celui qui ne se compose que de parties non actualisées, mais en puissance. Ex. : L'idée de genre par rapport aux espèces qu'elle renferme.

POTENTIALITER, — ACTUALITER.

En puissance, en acte. V. *Esse in actu, in potentia.*

PRÆCISIO.

La précision est cette abstraction par laquelle on sépare dans le même sujet un attribut d'un autre. Ex. : Si je considère dans l'homme la seule animalité faisant abstraction de la raison. V. S. Thomas (1re part., q. LXXXV, a. 1).

PRÆCISIO OBJECTIVA. — FORMALIS.

La précision est objective lorsqu'on distingue deux idées ou deux attributs réellement distincts entre eux. Ex. : Si je distingue dans l'homme l'animalité et la raison. Cette précision s'appelle objective parce qu'elle a sa base et son fondement dans l'objet lui-même. — La précision est formelle ou subjective lorsqu'on distingue deux idées ou deux attributs qui ne sont pas réellement distincts entre eux. Ex. : Si je considère séparément l'être, le vrai, le bon, l'un. Cette abstraction n'existe que dans notre esprit, sujet connaissant; aussi a-t-elle reçu le nom de subjective. V. *Abstractio*.

PRÆCISIO REALIS. — PRÆCISIO MENTIS.

La précision réelle n'est autre que la précision objective, — et la précision de l'esprit, la précision formelle. V. *Præcisio objectiva*.

PRÆCISIVE.

D'une façon précisive, abstraite, c'est-à-dire considérer un être en faisant abstraction de tel ou de tel autre.

PRÆCOGNITA DEMONSTRATIONIS.

Les connus antérieurs de la démonstration sont au nombre de trois : le sujet, l'attribut et les principes d'après lesquels on montre que l'attribut convient ou non au sujet.

PRÆCOGNITIO, PRÆNOTIO QUID NOMINIS, — QUID REI.

La prénotion *quid nominis* est la connaissance préalable de la signification du mot qui exprime la chose. Ex. : La théologie exprime étymologiquement la science qui a Dieu pour objet. — La prénotion *quid rei* est la connaissance préalable de l'essence de la chose. C'est la connaissance de la quiddité, de la définition de l'objet.

PRÆDETERMINATIO PHYSICA.

La prédétermination physique. V. *Præmotio physica, Concursus divinus.*

PRÆDICABILIA.

Les prédicables sont les diverses manières dont l'attribut peut être affirmé ou nié du sujet. Ce sont des attributs universels. Ils sont au nombre de cinq : le genre, l'espèce, la différence, le propre, l'accident. En effet l'attribut peut: 1° Affirmer l'essence du sujet, ou l'espèce ; 2° indiquer une partie de l'essence commune à d'autres espèces, ou le genre; 3° marquer la partie de l'essence propre à l'espèce et qui la distingue de toutes les autres, ou la différence; 4° rappeler une qualité qui n'est pas essentielle mais qui découle nécessairement de l'essence, ou le propre ;

5° enfin désigner une qualité qui ne découle pas de l'essence, ou l'accident

PRÆDICABILITER. — PRÆDICAMENTALITER.

A la manière des prédicables; — à la manière des prédicaments. Une chose est prise à la manière des prédicables lorsqu'on ne la considère que selon le mode dont elle peut être affirmée ou niée. — Une chose est prise à la manière des prédicaments lorsqu'on la considère comme renfermée dans les catégories d'Aristote. Prenons cet exemple : L'homme a des cheveux sur la tête. Bien que les cheveux soient dans le prédicament substance, ils ne conviennent qu'accidentellement à l'homme. Le mot cheveu est donc substance *prædicamentaliter* et accident *prædicabiliter*. — L'accident prédicamental et l'accident prédicable désignent l'un et l'autre une chose qui ne peut exister en elle-même. Toutefois l'accident prédicamental indique seulement l'opposé de la substance et l'accident prédicable marque la manière dont l'attribut est affirmé du sujet, à savoir que l'attribut peut être affirmé ou nié sans que pour cela l'essence du sujet soit détruite. V. *Prædicamentaliter.*

PRÆDICAMENTA, CATÉGORIE.

Les prédicaments, les catégories. Le mot latin *prædicamentum* peut se traduire par le mot français affirmation, *quod prædicatur*, ce qui est dit, affirmé,

attribué ; le mot catégorie, dérivé du grec, a le même
sens. Les prédicaments ou catégories sont donc les
genres suprêmes d'affirmation et peuvent se définir :
Les diverses séries des notions que l'on peut affirmer
ou nier du sujet. Ce sont les classes suprêmes
auxquelles toutes les notions peuvent être ramenées.
Les prédicaments sont au nombre de dix : la substance, *substantia* ; la quantité, *quantitas* ; la relation,
relatio ; la qualité, *qualitas* ; l'action, *actio* ; la
passion, *passio* ; le lieu, *ubi* ; le temps, *quando* ; la
situation, *situs* ; le être revêtu, *habitus*. Voir ces
divers mots. « Tout être, dit Goudin, subsiste en soi
ou dans un autre ; s'il subsiste en soi, on l'appelle
substance ; s'il est dans un autre, accident. La substance est considérée comme un seul genre suprême
et universel et un seul prédicament ; car sa notion
consistant à subsister en soi, à être la base de l'être,
base sur laquelle reposent les divers accidents, cela
convient de la même manière univoque à toutes les
substances. L'accident au contraire est quelque chose
de plus vague et, par conséquent, il est sujet aux
analogues ; aussi le divise-t-on en neuf genres suprêmes qui se justifient ainsi : Tout accident survient
à la substance ou pour l'étendre, c'est alors la quantité ; ou pour la rapporter à autre chose, c'est la
relation ; ou pour la qualifier, la modifier en elle-
même, c'est la qualité ; ou c'est quelque chose d'extrinsèque, et la substance en sera le principe ou le

sujet; si elle en est le principe, l'accident se dénommera l'action ; si elle en est le sujet, ce sera la passion ; s'il donne la mesure de la durée, ce sera l'être dans le temps ; s'il détermine la position locale ce sera l'être dans le lieu ; s'il indique une certaine disposition de parties, ce sera la situation ; enfin l'habillement ou la parure se désigne par l'être revêtu » (Logique majeure, 1re partie, thèse II, q. 1, a. 2 ; édition du Père Bourard). On a renfermé les dix catégories d'Aristote dans les deux vers suivants :

> Arbor sex servos ardore refrigerat ustos ;
> Ruri cras stabo, sed tunicatus ero.

PRÆDICAMENTA. — PRÆDICABILIA.

Les prédicables sont les diverses manières suivant lesquelles l'esprit considère les choses : ce ne sont que des abstractions, des êtres de raison. V. *Prædicabilia*. — Les prédicaments, au contraire, sont les choses elles-mêmes considérées dans leur être. V. *Prædicamenta, categoriæ*.

PRÆDICAMENTALE. — PRÆDICABILE.

Le prédicamental et le prédicable diffèrent entre eux. Le prédicable se contente d'indiquer la manière dont l'attribut est dit du sujet, sans marquer si le sujet est un être qui existe en lui-même ou non. — Le prédicament indique la manière d'exister de l'être.

PRÆDICAMENTALITER. — PRÆDICABILITER.

A la manière des prédicaments. C'est-à-dire suivant le mode d'exister. — A la manière des prédicables, c'est-à-dire suivant le mode d'être affirmé ou nié. Ainsi, dans cette phrase : Tout est substance et accident, je puis établir cette distinction : Tout est substance et accident *prædicamentaliter*, je l'accorde; car tout être existe en lui-même ou non. Tout est substance et accident *prædicabiliter*, je le nie, car l'attribut peut être dit du sujet non seulement comme substance et accident, mais encore comme propre. V. S. Thomas (1ʳᵉ part., q. LXXVII, a. 1).

PRÆDICAMENTALITER. — TRANSCENDENTALITER.

Dans l'ordre prédicamentel,—dans l'ordre transcendantal. L'ordre prédicamentel consiste dans la relation accidentelle d'une chose par rapport à une autre. Ex. : La relation de paternité. — L'ordre transcendantal est l'être lui-même en tant qu'il est ordonné à un autre. L'un réclame toujours un terme réel, l'autre peut avoir pour termes des êtres de raison.

PRÆDICARI IN QUID, — IN QUALE.

Affirmer *in quid* c'est énoncer d'un être quelque chose qui lui convient nécessairement. Ex. : L'homme est raisonnable. — Affirmer *in quale*, c'est énoncer d'un être quelque chose qui ne lui convient qu'accidentellement. Ex. : Cet homme est philosophe.

PRÆDICATIO.

L'affirmation, l'énonciation, l'attribution d'une chose à une autre. Ex.: L'homme est doué de raison.

PRÆDICATIO ESSENTIALIS. — PRÆDICATIO ACCIDENTALIS.

L'attribution est essentielle ou accidentelle suivant que l'attribut exprime une qualité essentielle ou accidentelle. Ex. : L'homme est doué de raison : attribution essentielle. — cet homme est médecin : attribution accidentelle.

PRÆDICATIO INTRINSECA. — PRÆDICATIO EXTRINSECA.

L'attribution est intrinsèque lorsque l'attribut existe dans le sujet. Ex. : Cet homme est grand, il marche. — L'attribution est extrinsèque lorsque l'attribut n'existe pas dans le sujet. Ex. : Cet homme m'est connu.

PRÆDICATIO NATURALIS, — CONTRA NATURAM, — PRÆTER NATURAM.

L'affirmation naturelle est l'attribution à un être d'une chose qui lui convient d'après sa nature propre. Ex. : L'homme est doué de raison. — L'affirmation contre nature c'est l'attribution à un être d'une chose qui répugne à sa nature. Ex. : L'âme est matérielle. — L'affirmation en dehors de la nature est l'attribution à un être d'une chose qui n'est ni conforme, ni contraire à sa nature. Ex. : A la vue du sucre, si je dis : Le blanc est doux.

PRÆDICATIO PROPRIA. — IMPROPRIA.

L'attribution est propre lorsque l'attribut est pris dans le sens propre. Ex. : L'homme est un animal raisonnable. — L'attribution est impropre lorsque l'attribut est pris dans un sens figuré. Ex. : Cet homme est un lion.

PRÆDICATUM.

Le prédicat est l'attribut de la proposition. Ce que l'on dit, *quod prædicatur*, ce que l'on affirme du sujet.

PRÆMOTIO PHYSICA

La prémotion physique est l'influx direct, immédiat que Dieu exerce sur les causes secondes en les déterminant à agir et en les appliquant à l'action qui leur convient. C'est une motion parce que la cause première pousse la cause seconde à l'action ; c'est une prémotion, ou motion prévenante, parce qu'elle précède et prédétermine l'action de l'agent ; elle est physique parce qu'elle applique directement, activement la cause seconde. C'est le concours divin prévenant (V. *Concursus divinus*). « La prémotion physique, dit Goudin, est l'influx de la cause première reçu, non dans les effets immédiatement, mais dans les causes secondes. Dieu leur donne leur efficacité actuelle, il les meut, il les applique, non seulement objectivement et moralement par l'attrait ou la persuasion, mais physiquement et activement par une inclination intérieure qui les détermine en leur inspirant cette activité dernière que l'action suit immédiatement ; c'est pour cela qu'on l'appelle motion physique. Mais comme la motion et l'application de la vertu active à l'action sont naturellement antérieures à l'action elle-même, toute voie précédant son terme et toute cause son effet, cette motion est appelée motion prévenante, préparatoire, ou prémotion. On peut la comparer à cette impulsion que la volonté donne aux puissances qui lui sont soumises, à celle que l'âme communique aux organes du corps vivant, à celle que le ciel et le soleil font descendre sur les arbres pour les rendre fertiles, à celle que la main donne au bâton ou à la hache ; tout n'est pourtant pas absolument exact dans ces ressemblances. Dieu fait activement et proprement par cet influx que la créature fasse ; il la rend dépendante de lui, non comme une cause dépend d'une autre cause qui l'aide, mais comme un agent second dépend du premier, comme une cause inférieure et subordonnée dépend de la première, y trouvant son complément, son application, l'effet même qu'elle produit et sa propre coopération dans la production de l'effet. » (Philosoph., 4ᵉ part. métaph., thèse 2, q. III, édition du Père Bourard.) Consulter Bossuet dans son Traité du libre arbitre.

PRÆSCINDERE.

Abstraire. V. *Præcisio, abstractio.*

PRÆSCITUM.

Ce qui est prévu, ce qui est connu à l'avance.

PRÆSENTIA CIRCUMSCRIPTIVA, — DEFINITIVA, — SACRAMENTALIS.

La présence circonscriptive, définitive, sacramentelle. V. *Ubi circumscriptivum, definitivum.* V. *Ubi
sacramentale.*

PRÆSENTIA SUPPOSITI. — VIRTUTIS.

La présence du suppôt consiste en ce que l'agent
est uni directement avec l'être qui reçoit l'action.
Ex. : Le feu par rapport au bois qu'il dévore. — La
présence virtuelle consiste en ce que l'agent n'est uni
à la substance passive que d'une manière éloignée
par l'intermédiaire d'un milieu. Ex. : Le soleil ré-
chauffant la terre.

PRÆSUPPOSITIVE, — COMMENSURATIVE.

Présuppositivement, c'est-à-dire d'après certaines
choses qu'on doit toujours sous-entendre. Ex. :
Lorsqu'on dit que l'homme peut mériter ou démé-
riter, cela suppose toujours l'homme doué de liberté.
— Commensurativement, c'est-à-dire d'après la mesure, la quantité, l'étendue. On peut se servir de cette
distinction dans la phrase suivante : Un être ne peut
être connu que selon son entité, présuppositivement

je le concède, car la connaissance sous-entend et présuppose toujours une entité, sans cette dernière en effet la connaissance ne peut exister. Un être ne peut être connu que selon son entité, commensurativement, je le nie, car si l'être est étendu la connaissance ne sera pas étendue, mais simple.

PRIMA INTENTIONE. — SECUNDA INTENTIONE.

Une chose est considérée de première intention lorsqu'elle est considérée en elle-même et suivant sa nature. — Une chose est considérée de seconde intention lorsqu'elle est considérée non en elle-même, mais telle qu'elle existe dans notre esprit.

PRIMÆ, — SECUNDÆ INTENTIONIS TERMINI.

Les termes de première et de seconde intention. V. *Termini primæ intentionis.*

PRIMUM PRINCIPIUM.

Le premier principe est le principe de contradiction: la même chose ne peut pas être et n'être pas en même temps dans le même sujet et sous le même rapport. « Ce principe est le premier de tous, dit S. Thomas, parce qu'il a pour termes l'être et le non-être, qui sont les premiers termes connus, » (in lib. xi Met., lect. v).

PRINCIPIA INTRINSECA. — EXTRINSECA.

Les principes intrinsèques sont ceux qui se trouvent dans la chose elle-même. Ex. : La pierre, la chaux, le sable sont les principes intrinsèques de l'édifice bâti. — Les principes extrinsèques sont ceux qui sont placés en dehors de l'objet. Ex. : L'architecte, le maçon, sont les principes extrinsèques de l'édifice.

PRINCIPIA PRIMA ENTIS IN FACTO ESSE.

Les premiers principes des êtres existants sont la matière et la forme. V. *Materia, forma*.

PRINCIPIA PRIMA GENERATIONIS RERUM NATURALIUM.

Les premiers principes de la génération des choses naturelles sont la matière, la forme et la privation. La génération est en effet la production d'un nouvel être ; elle réclame donc la puissance à l'être ou la matière. L'être ne peut être produit sans un principe qui l'actualise : la forme. Enfin le même sujet ne peut avoir en lui deux formes contradictoires, il faut qu'il perde la première en recevant la seconde par la privation.

PRINCIPIA PRIMA NEC EX ALIIS, NEC EX ALTERUTRIS, SED EX QUIBUS OMNIA FIUNT.

Axiôme emprunté à Aristote (1er livre de la Physique, ch. v). Le sens de cette phrase est celui-ci: Les premiers principes des corps ne tirent pas leur origine d'autres principes, *ex aliis* ; ils ne se produisent pas les uns les autres, *ex alterutris* ; mais c'est d'eux que tout est formé, *ex quibus omnia fiunt.*

PRINCIPIATUM.

Le principié est ce qui procède d'une chose de quelque façon que ce soit. V. *Principium.*

PRINCIPIUM.

Le principe est tout ce dont un autre procède de quelque façon que ce soit. Ex. : Le point est le principe de la ligne ; l'aurore, le principe du jour ; Dieu, le principe de la créature. « Nous appelons principe, dit S. Thomas, tout ce dont quelque chose provient de quelque façon que ce soit » (1re part,, q. xxxiii, a. 1). Aristote le définit : Ce par quoi une chose est, se fait ou se connaît (Mét., liv. v, ch. 1). Le principe doit avoir vis-à-vis du principié une certaine priorité soit d'origine, soit de nature, soit d'ordre, soit de durée.

PRINCIPIUM. — CAUSA. — ELEMENTUM.

De ces trois termes, le premier a le sens le plus étendu. Le principe est en effet tout ce dont un autre procède de quelque façon que ce soit. — La cause est tout ce qui produit l'être. Le sens de ce mot est un peu plus restreint que celui de principe, car la manière dont la cause produit, n'est pas quelconque comme la manière dont le principié découle du principe, elle exprime un influx efficace et une dépendance véritable. — L'élément indique toute partie intégrante de l'être. C'est donc un sens encore plus restreint que celui qui est attaché au mot cause. « Le principe, dit S. Thomas, est plus général que la cause, et la cause l'est plus que l'élément » (1re partie, q. xxxiii, a. 1).

PRINCIPIUM CONTRADICTIONIS.

Le principe de contradiction s'énonce ainsi : la même chose ne peut pas être et n'être pas en même temps et sous le même rapport. S. Thomas (1re part. de la 2e, q. xciv, a. 2) appelle ce principe le premier principe de connaissance.

PRINCIPIUM EXCLUSI MEDII.

Le principe du moyen exclu s'énonce ainsi : Toute chose est ou n'est pas.

PRINCIPIUM INDIVIDUATIONIS.

Le principe d'individuation est le principe intrinsèque qui distingue les individus les uns des autres. Il n'est ici question que de la substance, car, dit S. Thomas, le sujet qui les supporte est le principe d'individuation des accidents (3e part., q. lxxvii, a. 2). — 1° Par rapport aux substances composées, le prin-

cipe d'individuation d'après S. Thomas, est la matière caractérisée et déterminée par la quantité. Ce
n'est pas en effet la forme substantielle puisqu'elle
est commune à tous les individus de la même espèce,
ni la matière considérée en elle-même, car comme
telle, elle est commune à tous les corps. C'est la matière caractérisée, déterminée par la quantité, car, une
telle matière est propre à l'individu et lui appartient
si intimement qu'elle ne peut être communiquée à
autrui ; de plus elle est renfermée dans un certain
espace, pendant un temps donné, elle offre ainsi tous
les caractères de l'individu ; elle est donc le principe
d'individuation. Ex. : Prenez un morceau de marbre,
divisez-le en dix parties, vous avez toujours la même
essence, mais vous vous trouvez en présence de dix
individus. D'où proviennent ces individuations ? De
la division de l'essence ? Assurément non ; mais de la
division de la matière précédente déterminée par la
quantité. — 2° Pour l'homme, le principe d'individuation est le corps caractérisé par une quantité
déterminée. — 3° Les âmes séparées des corps
qu'elles informaient se distinguent entre elles par la
disposition qu'elles conservent de s'unir de nouveau
à leurs corps. — 4° Les anges se distinguent entre
eux par l'espèce. Chaque ange constitue une espèce
qui ne peut renfermer deux individus. — V. le mot
hæcceitas. D'après Duns Scot, l'hæccéité serait le
principe d'individuation. — Dans les choses ma-

térielles, dit S. Thomas, les principes d'individuation
sont la matière première et la quantité commensurable (3ᵉ part., q. LXXVII, a. 2). Consulter la Somme
théologique, 1ʳᵉ part., q. III, a. 3 ; q. LIV, a. 3 ; q.
LVI, a. 1 ; q. LXXV, a. 4 ; q. LXXXV, a. 1 ; q. LXXXVI, a. 1.
— Dans l'individualisation des anges, consulter la
Somme théologique, 1ʳᵉ part., q. III, a. 2 ; q. LXXIX,
a. 1 ; q. XLVII, a. 2 ; q. L, a. 4. — L'individualisation est en Dieu quant à l'incommunicabilité.
V. S. Thomas (1ʳᵉ part., q. III, a. 2 : q. XXIX, a. 3).

PRINCIPIUM QUO. — PRINCIPIUM QUOD.

Le principe par lequel, *quo*, une chose est, s'appelle la forme, la nature. Le principe qui, *princi-*
pium quod, est la chose elle-même. Ex. : La nature
est le principe par lequel l'être agit, *principium quo*.
La personne ou le suppôt est le principe qui agit,
principium quod.

PRIORITAS A QUO. — PRIORITAS IN QUO.

La priorité *a quo*, [s'applique au principe duquel
découle un effet ; c'est la priorité de nature. — La
priorité *in quo* n'est autre que la priorité de temps.
Toutefois, lorsqu'il s'agit de causes libres, la priorité
in quo désigne aussi la priorité de nature.

PRIORITAS CONNEXIONIS. — PRIORITAS INCONNEXIONIS.

La priorité de connexion est la priorité de la cause
liée nécessairement à son effet. — La priorité de

non-connexion est la priorité d'une cause libre qui n'est pas liée nécessairement à son effet.

PRIORITAS NATURÆ. — PRIORITAS TEMPORIS.

La priorité de nature consiste en ce que la nature d'un être dépend de la nature d'un autre être et en découle. Cette priorité n'empêche pas la simultanéité d'existence ; l'être antérieur et l'être postérieur peuvent exister en même temps. — La priorité de temps consiste en ce qu'un être existe avant un autre. Ex. : Louis XIII régna avant Louis XIV. Les corrélatifs ont entre eux une priorité de nature ; ils existent simultanément ; on ne peut supposer l'un, sans supposer l'autre immédiatement.

PRIORITAS RATIONIS. — PRIORITAS CAUSALITATIS.

La priorité de raison consiste en ce qu'une chose est connue avant une autre. Ex. : Les prémisses sont connues avant la conclusion. — La priorité de causalité est celle qui existe entre la cause et son effet. Ex. : Entre le peintre et le tableau. S. Thomas distingue encore la priorité *per se* et la priorité *per accidens* (2ᵉ de la 2ᵉ, q. VII).

PRIVATIO.

La privation est définie par Aristote : L'absence d'une forme dans un sujet qui est apte à la posséder

(Mét., liv. v, c. 22). Ex. : La cécité dans l'homme. V. *Negativum, privativum*. Consulter S. Thomas (1ʳᵉ part., q. xxxiii, a. 4).

PRIVATIVUM. — NEGATIVUM.

Le privatif, le négatif. V. *Negativum, privativum*.

PRODUCTIO.

La production est l'acte par lequel un sujet qui existait déjà est transformé. V. *Creatio, productio*.

PROPASSIO.

La propassion est celle qui a son commencement et son terme dans l'appétit sensitif. V. S. Thomas (1ʳᵉ part., q. xv, a. 4 et 6).

PROPOSITIO ANALYTICA. — PROPOSITIO SYNTHETICA.

La proposition analytique est celle dont l'attribut appartient à l'essence du sujet. Ex. : L'homme est un animal raisonnable; la proposition synthétique est celle dont l'attribut n'appartient pas à l'essence du sujet. Ex. : Aristote est philosophe.

PROPOSITIO CAUSALIS.

La proposition causale est celle qui renferme deux propositions simples unies par une particule marquant la raison de la convenance du sujet et de l'attribut. Ex. : Il est dans le ciel parce qu'il fut saint sur la terre.

PROPOSITIO DE PRŒDICATO UNIVERSALI.

La proposition d'attribut universel est celle dans laquelle l'attribut et le sujet se convertissent, se disent réciproquement. Ex. : Tout homme est animal raisonnable; tout animal raisonnable est homme.

PROPOSITIO DISCRETIVA, — EXCEPTIVA, — EXCLUSIVA.

La proposition discrétive est celle qui renferme deux propositions simples, unies par une particule discrétive. Ex. : Cependant, malgré cela, mais etc. —La proposition exceptive est celle qui marque certaines restrictions, certaines exceptions. — La proposition exclusive est celle qui est affectée de particules marquant l'exclusion : uniquement, seul, rien que, etc.

PROPOSITIO EXPONIBILIS. — PROPOSITIO EXPONENS.

La proposition exposable est celle qui renferme des termes difficiles à comprendre. — La proposition exposante est la proposition qui explique les difficultés de la proposition exposable.

PROPOSITIO HYPOTHETICA.

La proposition hypothétique est celle qui n'exprime pas une vérité absolue; elle signifie seulement qu'une chose est vraie par supposition.

PROPOSITIO MODALIS.

La proposition modale est celle qui exprime la manière dont l'attribut est affirmé du sujet. Elle peut être nécessaire ou contingente ; possible ou impossible. Ex : Il est nécessaire que l'homme soit doué de raison.

PROPOSITIO PRIMA ET INDEMONSTRABILIS.

La proposition première est celle qui est posée en principe. Cette proposition ne peut être démontrée à l'aide d'un moyen terme.

PROPOSITIO PER SE NOTA.

La proposition connue *per se* est celle que notre intellect admet comme vraie par la seule connaissance des termes qui la composent. Elle peut être évidente par elle-même, *per se nota secundum se*, ou évidente par rapport à nous, *nota quoad nos*.

PROPOSITIO REDUPLICATIVA.

La proposition réduplicative est celle dans laquelle le sujet est redoublé, répété. Ex. : L'homme, en tant qu'homme, est raisonnable. V. *Reduplicative*.

PROPOSITIONES CONTRADICTORIÆ, — CONTRARIÆ.

Les propositions contradictoires sont des propositions dont l'une est universelle, l'autre particulière, l'une affirmative, l'autre négative ; autrement dit deux propositions qui diffèrent en quantité et en qualité. Ex. : Tous les hommes sont doués de raison; quelques hommes ne sont pas doués de raison. Deux propositions singulières dont l'une est affirmative et l'autre négative sont également contradictoires. Ex. : Socrate lit, Socrate ne lit pas. Deux propositions contradictoires ne peuvent être ni vraies, ni fausses à la fois. La vérité de l'une démontre la fausseté de l'autre, et réciproquement.— Les propositions contraires sont deux propositions universelles dont l'une est affirmative et l'autre négative; elles ont même quantité et diffèrent par la qualité. Ex. : Tous les hommes sont sages, nul homme n'est sage. Deux propositions contraires ne peuvent pas être toutes deux vraies mais elles peuvent être toutes deux fausses en matière contingente et non en matière nécessaire.

PROPOSITIONES SUBALTERNÆ, — SUBCONTRARIÆ.

Les propositions subalternes sont deux propositions dont l'une est particulière, l'autre universelle, toutes deux affirmatives ou négatives, autrement dit : deux propositions qui, ayant même qualité, diffèrent en quantité. Ex.: Tous les hommes sont doués de raison, quelques hommes sont doués de raison. La vérité de la proposition universelle entraîne la vérité de la proposition particulière ; la

fausseté de la proposition universelle n'entraîne pas
la fausseté de la proposition particulière ; la vérité
de la proposition particulière n'entraîne pas la vérité
de la proposition universelle mais la fausseté de la
proposition particulière entraîne la fausseté de la
proposition universelle. — Les propositions sous-
contraires sont deux propositions particulières dont
l'une est affirmative, l'autre négative; elles ont
même quantité, mais diffèrent en qualité. Ex.: Quelques hommes sont sages, quelques hommes ne sont
pas sages. Deux propositions sous-contraires ne peuvent pas être toutes deux fausses, mais peuvent être
toutes deux vraies en matière contingente et non en
matière nécessaire.

PROPRIUM.

Le propre est une notion universelle exprimant
une qualité qui découle nécessairement de l'essence.
Ex. : Le propre de tout triangle est d'avoir trois
angles dont la somme égale deux angles droits; la
faculté de rire et de pleurer chez l'homme : cette
faculté découle en effet de l'essence de l'âme, qui est
capable de comprendre la joie et la tristesse et de
l'exprimer au dehors. On peut distinguer le propre
de l'essence, mais on ne peut l'en séparer que d'une
séparation de raison et non de fait. Le propre s'appelle
aussi l'accident de l'espèce, parce qu'il appartient à
tous les individus de l'espèce. Le propre est un des

cinq universaux. V. saint Thomas (1ʳᵉ part., q. LXXVII, a. 6; 1ʳᵒ de la 2ᵉ, q. LXXXIII, a. 7; q. LXXXIII, a. 12; q. CXI, a. 1; 2ᵉ de la 2ᵉ, q. IX, a. 2 et q. L, a. 2).

PROPRIUM PRIMO, — SECUNDO, — TERTIO, — QUARTO MODO.

Le propre *primo modo* est ce qui convient à l'espèce seule, mais non à tous les individus, *convenit soli et non toti*. Ex. : L'homme est peintre. — Le propre *secundo modo* est ce qui convient à tous les individus de l'espèce, mais qui peut convenir à d'autres, *convenit toti et non soli*. Ex. : L'homme a des ongles. — Le propre *tertio modo* est ce qui convient à tous les individus de l'espèce, ce qui ne convient qu'à eux, mais ce qui n'a pas toujours lieu, *convenit toti et soli, sed non semper*. Ex. : Les cheveux de l'homme blanchissent dans la vieillesse. — Le propre *quarto modo* est ce qui convient à tous les individus de l'espèce, ne convient qu'à eux et toujours, *convenit toti, soli et semper*. Ex. : L'homme peut rire et pleurer.

PROPTER QUOD UNUMQUODQUE TALE ET ILLUD MAGIS.

Ce pour quoi un être est tel possède cette qualité à un degré plus élevé. Axiôme. Les propriétés de l'effet doivent se trouver dans la cause qui le produit, et cela à un degré plus élevé.

PROTOLOGIA.

Protologie, nom dont certains philosophes se servent pour désigner la métaphysique générale, ou ontologie.

Q

QUALITAS.

La qualité. Pris dans son sens le plus large, ce mot sert à désigner tout ce qui peut s'affirmer d'un sujet, soit d'une façon essentielle, soit d'une façon accidentelle. Dans le sens propre, la qualité, considérée comme prédicament, se définit : un accident qui dispose, modifie, complète et perfectionne la substance tant dans son existence que dans son opération. La qualité peut affecter la substance de quatre manières, ce qui fait distinguer quatre espèces de qualités : 1° l'habitude et la disposition, V. *Habitus, dispositio ;* 2° la puissance et l'impuissance, V. *Potentia, impotentia ;* 3° la puissance et la qualité passible, V. *Passio, qualitas patibilis ;* 4° la forme et la figure, V. *Forma, figura.* — La qualité, dit saint Thomas, implique le mode de détermination de la substance (1ʳᵉ de la 2ᵉ, q. XLIV, a. 2). — La première espèce de qualité implique la facilité ou la difficulté,

le bien ou le mal (1re de la 2e, q. XLIX, a. 2 et q. L, a
1). — La seconde espèce implique aussi le facile et
le difficile, mais non dans les relations du bien et
du mal (ibidem). — La troisième espèce ne renferme
que la passion et la qualité passible (3e partie, q.
LXIII, a. 2). — La quatrième espèce est la détermina‑
tion de la quantité du sujet (1re de la 2e, q. XLIX, a. 2).

QUALITAS PATIBILIS.

La qualité passive ou passible. V. *Passio, qualitas patibilis.*

QUALITATES PRIMÆ, — SECUNDÆ, — NEUTRÆ CORPORUM.

D'après les anciens philosophes, les qualités
premières des corps étaient celles qui furent produi‑
tes dès le commencement du monde en même temps
que les quatre éléments : l'eau, la terre, le feu, l'air.
Ces qualités premières étaient supposées au nombre
de quatre : la chaleur, le froid, l'humidité, la séche‑
resse.— Les qualités secondes supposent les premières
et sont celles qui résultent des diverses combinaisons
des corps. Ex. : L'odeur, la saveur, la couleur, etc.
— Les qualités neutres ou occultes sont celles qui
ne sont pas perçues par le tact. Ex. : Les propriétés
chimiques.

QUANDO.

La durée, le temps. V. *Tempus.*

QUANTITAS.

La quantité est l'accident en vertu duquel la substance possède une certaine divisibilité ; la quantité suppose l'étendue et la multitude de parties. La quantité est un accident absolu ; elle peut, par la toute-puissance divine, exister séparée de la substance. V. *Accidentia absoluta.* Consulter St Thomas (Quest. dip., de la Puissance, q. ix, a. 7, et in lib. ii Sent., dist. ii, q. ii, a.2). — La quantité est le premier accident qui découle de la substance (1re de la 2e, q. lii, a. 1 et 3e part., q. lxxvii, a. 2). La quantité découle de la matière comme la qualité de la forme (3e part. q. xc, a. 2).

QUANTITAS CONTINUA, — DISCRETA.

La quantité continue est celle dont les diverses parties sont réunies par un lien commun. Ex. : L'étendue de cette pierre. « Le mot continu, dit Albert-le-Grand, signifie se présenter de manière à ne faire qu'un » (Phys., lib. v, tr. ii, c. 3). C'est ce que nous appelons la grandeur, l'étendue. Elle se présente à nous avec les trois dimensions : longueur, largeur, profondeur. La quantité continue sans largeur ni profondeur s'appelle ligne ; la longueur et la largeur sans profondeur prend le nom de surface, et nous réservons le nom de corps, de solide, à la quantité continue possédant les trois dimensions. — La quantité discrète est celle dont les diverses parties ne sont pas liées par un lien intime et commun. Ex. : Un monceau de pierre, une réunion d'hommes. C'est ce que nous nommons la quantité numérique, le nombre, la multitude.

QUANTITAS CONTINUA MATHEMATICE, — IN NATURA RERUM.

La quantité continue considérée mathématiquement est infinie en puissance, puisque nous pouvons toujours considérer en elle une augmentation nouvelle et cela sans terme, ni limite. « Pour les quantités mathématiques, dit S. Thomas, il est toujours possible d'ajouter une nouvelle quantité, et rien ne s'oppose à cette addition du côté de la quantité continue » (3ᵉ part., q. VII, a. 12). Ailleurs le même docteur écrit : « Le continu mathématique peut se diviser à l'infini, rien, dans l'essence de la quantité continue, ne répugnant à cette division » (in lib. II Sent., dist. XXX, q. II, a. 2). — Considérée dans la nature des choses, la quantité continue ne peut être infinie, puisque, dit S. Thomas, citant Aristote, toutes les choses pourvues d'une nature ont une limite et une grandeur déterminées. (in lib. I Sent., dist. XIX, q. III, a. 1). V. S. Thomas (3ᵉ part., q. VII, a. 12).

QUANTITAS DIMENSIVA. — QUANTITAS VIRTUALIS.

La quantité dimensive est la quantité proprement dite, appartenant aux êtres matériels ; on l'appelle aussi quantité commensurable. V. S. Thomas (1ʳᵉ part.,

q. XXVIII, a. 4 et q. XLII, a. 1). — La quantité virtuelle est celle que, par métaphore, nous prêtons
aux substances spirituelles pour désigner leurs perfections, leurs puissances. S. Augustin (liv. VI sur
la Trinité, chap. VIII) rappelle cette quantité virtuelle
quand il écrit : « dans ces choses qui sont grandes non
par leur masse, mais par leur vertu, c'est être plus
grand que d'être meilleur. » V. S. Thomas (1re part.,
q. XLII, a. 1 et 2, et 2e de la 2e, q. XXIV, a. 4). —
S. Thomas distingue trois sortes de quantité : celle
de la masse, celle de la puissance et celle de la perfection (1re part., q. XLII, a. 1).

QUANTITAS PERMANENS, — SUCCESSIVA.

La quantité permanente est celle dont les parties
peuvent toutes exister simultanément. Ex. : La quantité de telle pierre. — La quantité successive est celle
dont les parties n'existent pas toutes simultanément,
mais se succèdent dans un ordre naturel. Ex. : Le
temps, le mouvement.

QUANTITATIVE.

D'une manière quantitative ou circonscriptive.
V. *Ubi circumscriptivum.*

QUIDDITAS.

La quiddité est la réponse à la question : *Quid res
sit,* qu'est-ce ? Ex. : Qu'est-ce que l'homme ? C'est une

créature raisonnable composée d'une âme et d'un corps. Cette réponse exprime la quiddité de l'homme. La quiddité n'est donc autre chose que l'essence, la nature, la définition. S. Thomas distingue le *quid nominis* et le *quid rei* (1ᵉʳ part., q. 2, a. 2), le *quid de natura* et le *quid de supposito* (1ʳᵉ part., q. xxix, a. 4 et q. xxi, a. 2).

QUI EST.

Celui qui est. Ces mots expriment le nom qui convient proprement à Dieu et sous tous les rapports. V. S. Thomas (1ʳᵉ part., q. xiii, a. 11. Ce nom est approprié au Fils de Dieu. (1ʳᵉ part., q. xxxix, a. 8).

QUIDQUID RECIPITUR AD MODUM RECIPIENTIS RECIPITUR.

Tout ce qui est reçu dans un sujet y est reçu selon la manière d'être du sujet qui reçoit. Axiome.

QUINTA ESSENTIA, — QUINTESSENTIA.

La cinquième essence ou quintessence. V. *Essentia quinta*.

QUI VULT FINEM VULT MEDIA AD FINEM.

Qui veut la fin veut les moyens ; les moyens sont en effet coordonnés à la fin, ils doivent nous la faire atteindre. Si donc nous voulons le but, il faut vouloir aussi la route qui y conduit.

QUOD EST EST.

Ce qui est, est. C'est la formule scolastique du principe d'identité.

QUOD OMNIA APPETUNT.

Ce que toutes choses désirent. C'est la définition aristotélicienne du bien. V. *Bonum.*

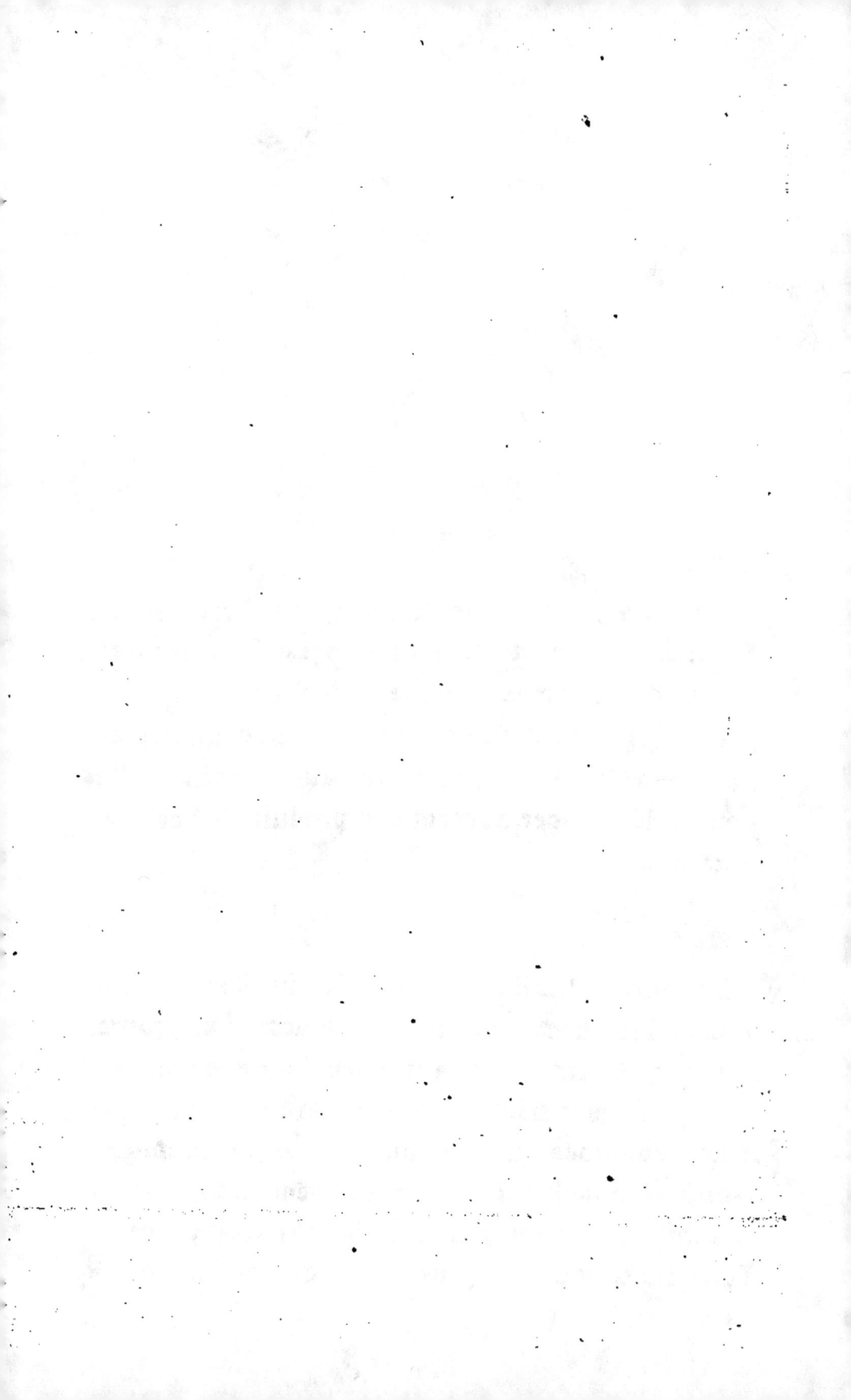

R

RADIX.

La racine, c'est-à-dire l'origine, le point de départ.
Ex. : Le jugement de l'intellect est la racine de la
liberté. S. Thomas observe qu'on emploie ce mot
par analogie, c'est en effet par la racine que l'arbre
puise dans la terre les sucs qui lui sont nécessaires
pour se développer, vivre et se reproduire (1re de la 2e,
q. LXXXIV, a. 1).

RATIO.

La raison. Pris dans son sens le plus large, ce mot
désigne l'intellect ; mais, dans son acception propre,
la raison se définit : La faculté par laquelle notre esprit va d'une vérité connue à une autre inconnue
mais renfermée implicitement dans la première.
L'opération de la raison s'appelle déduction, raisonnement. « Raisonner, dit S. Thomas, c'est procéder
d'une chose connue à une autre qui ne l'est pas »

(1ʳᵉ part., q. LXXIX, a. 8). La raison n'est pas une faculté distincte de l'intellect ; c'est l'intellect arrivant à la vérité d'une manière discursive. La raison désignant la faculté de comprendre à l'aide du raisonnement ne convient ni à Dieu ni aux anges, mais le mot raison étant pris pour intelligence convient à Dieu et aux anges. V. S. Thomas (1ʳᵉ part., q. XXIX, a. 3 ; q. LI, a. 1 et 2ᵉ de la 2ᵉ, q. XLIX, a. 5).

RATIO PARTICULARIS.

La raison particulière est la faculté nommée estimative. V. *Æstimativa.*

RATIO RATIOCINANS. — RATIO RATIOCINATA.

La raison raisonnant ou effective est la faculté de l'intellect arrivant à la vérité d'une manière discursive ; c'est l'acte de l'intelligence qui raisonne. — La raison effectuée ou ayant raisonné indique l'essence que l'intellect connaît. (V. S. Thomas, (in lib 1 Sent., dist. XXII, a. 3 et dist. XXXIII, q. 1, a. 1). — V. *Distinctio rationis ratiocinantis.*

RATIO REI.

La raison de la chose, observe S. Thomas, se dit de trois manières : 1° La raison qui n'a aucun fondement ni prochain ni éloigné dans la chose elle-même. Ex. : Les chimères. 2° La raison par laquelle les choses sont dans l'esprit qui les connaît, selon la manière d'être de celui-ci. — 3° La raison de la chose raisonnable (1ᵗᵉ part., q, XVI, a. 3). V. *Distinctio rationis ratiocinantis.*

RATIO SUPERIOR. — RATIO INFERIOR.

La raison supérieure connaît, étudie et juge les choses d'après les idées nécessaires, types des choses contingentes. — La raison inférieure étudie les vérités telles qu'elles existent dans les choses contingentes. Ex. : Par la raison inférieure, je connais que l'enfant doit à son père amour et obéissance. La famille ne saurait subsister sans cela. Mais la raison supérieure m'enseigne que Dieu lui-même a ordonné à l'enfant d'aimer son père et de lui obéir. — La raison supérieure et la raison inférieure sont en réalité la même puissance; elles ne diffèrent que par la diversité des moyens et non par la diversité des objets. La raison supérieure considère les choses éternelles en elles-mêmes et comme règle de nos actions. V. St Thomas (1ᵗᵉ part., q. LXXIX, a. 9 et 2ᵉ de la 2ᵉ, q. XLV, a. 3).

REALISMUS NATURALIS ET EXPERIMENTALIS.

Le réalisme naturel et expérimental est la doctrine des scolastiques, enseignant que les sens causent en nous la connaissance immédiate des objets perçus. « La faculté de sentir, dit Albert-le-Grand, perçoit immédiatement les choses sensibles par le moyen de leurs espèces (in Eth., lib. IV, tract. II, c. 18).

RÉCIPROCITER.

Réciproquement, c'est-à-dire que l'on peut conclure logiquement l'un de l'autre. Ainsi les phrases : c'est un homme, c'est un animal raisonnable, sont réciproques.

REDUPLICATIVA PROPOSITIO.

La proposition réduplicative est celle dans laquelle le sujet est redoublé. Ex. : L'homme, en tant qu'homme, est raisonnable. V. saint Thomas (3e part., q. XIII, a. 12, et q. XVI, a. 10).

REDUPLICATIVE. — SPECIFICE.

Dans le sens réduplicatif, dans le sens spécificatif. Un mot est pris dans le sens réduplicatif lorsque, étant sujet de la proposition, il est la cause formelle de l'attribut. Le sujet est alors répété; voilà pourquoi on dit qu'il est pris dans un sens réduplicatif. Ex. : L'homme, en tant qu'homme, est doué de raison ; le feu, en tant que feu, brûle ; le juge, en tant que juge, doit être impartial ; etc... — Un mot est pris dans le sens spécificatif lorsque, étant le sujet de la proposition, il n'est pas la cause formelle de l'attribut, mais renferme de quelque manière cette cause. Dans ce cas, on ne répète pas le sujet, mais on ajoute un terme nouveau pour déterminer, spécifier le sujet : voilà pourquoi on dit qu'il est alors pris dans un sens spécifique. Ex. : L'homme, en tant que médecin, peut ordonner des remèdes capables de nous guérir. On se sert souvent dans l'argumentation de la distinction fournie par le sens réduplicatif et spécifique. Ex. : L'homme excite la colère de Dieu. Cette proposition est fausse au sens réduplicatif, car ce n'est pas en tant qu'homme qu'il excite la colère de Dieu, mais spécificativement. c'est-à-dire en tant que pécheur endurci. V. S. Thomas (3e part., q. XIII, a. 12 et q. XVI, a. 10).

REGRESSUS.

La démonstration regressive ou circulaire consiste à monter de l'effet à la cause pour redescendre ensuite de la cause à l'effet. Ex. : Je pense, donc j'ai la faculté intellective ; je possède la faculté intellective, donc je puis juger et raisonner. On découvre ainsi de nouveaux effets et l'on étudie mieux les effets déjà connus.

RELATIO.

Aristote définit la relation : Ce qui est pour quelque chose ; c'est donc en général le rapport d'une chose à une autre. Ex. : La paternité, la filiation ; la similitude, l'égalité. « L'essence de la relation, dit

S. Thomas, est d'indiquer le rapport d'une chose à une autre » (in libr. 1 Sent., dist. 11, q. 1, a. 5). — Dans toute relation, on distingue trois choses : Le sujet, le terme, le fondement. Le sujet est celui qui se rapporte à un autre; le terme, celui auquel se rapporte le sujet ; le fondement et la cause, la raison du rapport du sujet avec le terme. Ex. : Dans la relation de la paternité, le sujet est le père qui engendre; le terme, le fils qui est engendré ; le fondement, ou la raison de la relation, est la génération. Le sujet et le terme sont appelés aussi les extrêmes de la relation. « Les relations ont en nous un mode propre d'être suivant leur caractère spécial, comme cela arrive pour les accidents » S. Thomas (contre les Gentils, liv. IV, c. XIV). Toutes les relations ne sont pas réelles. V. *Relatio realis.* — Les scolastiques appellent la relation accident relatif,

RELATIO ÆQUIPOLLENTIÆ, — NON ÆQUIPOLLENTIÆ.

La relation mutuelle (V. *Relatio mutua*), est équipollente lorsque les deux extrêmes expriment par le même mot le même rapport et le même ordre. Ex. : La relation qui existe entre deux choses égales. L'égalité sera dans chaque extrême le fondement du rapport. — La relation mutuelle est non équipollente lorsque le rapport exprimé par différents mots n'a pas le même caractère dans chaque extrême. Ex. : La relation qui existe entre le père et le fils. La paternité sera le fondement du rapport dans le sujet, et la filiation, le fondement du rapport dans le terme.

RELATIO CREATA. — RELATIO INCREATA.

La relation créée est celle qui existe entre les créatures les unes avec les autres et entre les créatures et le créateur. — La relation incréée est celle qui existe en Dieu. Ex. : La relation entre le Père et le Fils, entre le Père, le Fils et le Saint-Esprit. Les relations incréées sont au nombre de quatre : la paternité, la filiation, la spiration active et la spiration passive.

RELATIO ENTIS. — RELATIO INDICATIONIS.

La relation d'être est celle qui indique un pur rapport entre deux choses. Ex. : L'égalité, la ressemblance, la paternité. « Une relation, dit S. Thomas, est un être réel malgré qu'il n'en soit pas ainsi de toute relation » (1ʳᵉ part., q. XIII, a. 7 et q. XXVIII, a. 1). — La relation d'indication consiste en ce que l'objet désigné indique un rapport avec un autre. Ex. : l'ongle indique un rapport avec le doigt, avec la main et le bras. V. S. Thomas (1ʳᵉ part., q. XIII, a. 7).

RELATIO IDENTITATIS NUMERALIS, — GENERICA, — SPECIFICA.

La relation d'identité numérique n'est qu'une relation de raison tandis que la relation générique et spécifique est une relation réelle. S. Thomas(1ᵉ part., q. XIII, a. 7 ; q. XXVIII, a. 1 ; q. XLII, a. 1). V. *Relatio realis.*

RELATIO MUTUA. — RELATIO NON MUTUA.

La relation mutuelle est celle qui implique réci-procité ; elle existe par conséquent dans les deux ex-trêmes, le sujet et le terme. Ex. : La relation qui existe entre le Père et le Fils. Elle a ordinairement pour fondement la convenance ou la disconvenance, l'action ou la passion. — La relation non mutuelle est celle qui n'implique pas réciprocité : elle n'existe par conséquent que dans un des extrêmes, le sujet ou le terme. Ex. : La relation qui existe entre Dieu et les créatures ; entre la couleur et l'œil ; entre le men-surable et la mesure. Car les créatures sont ordonnées à Dieu, mais Dieu ne l'est pas aux créatures ; l'œil est ordonné à la couleur, mais celle-ci ne l'est pas à l'œil. V. S. Thomas (q. VII, sur la Puiss., a. 10).

RELATIO REALIS. — RELATIO LOGICA SEU RATIONIS.

La relation réelle est le rapport qui existe entre les choses elles-mêmes. Ex. : La relation qui existe entre le père et le fils. « La relation réelle réclame la dis-tinction des suppôts et requiert deux extrêmes réels » 1ᵉ part., q. XIII, a. 7). — La relation logique ou de raison est le rapport que notre esprit met entre les choses. Ex. : Le rapport entre le genre et l'espèce,

entre l'olivier et la paix. V. S. Thomas (1re part.,
q. XXVIII, a. 1). Tout rapport à un non-être n'est
qu'une relation de logique ou de raison (1re part,
q. XIII, a. 7). La relation de raison n'est pas inhérente (1re part., q. XXVIII, a. 1).

RELATIO SENSUUM.

La relation des sens n'est autre que la perception
externe. V. *Sensus*.

RELATIO TRANSCENDENTALIS, — PRÆDICAMENTALIS.

La relation transcendantale n'est autre que l'entité
d'une chose énonçant dans son essence un rapport à
une autre chose. Ex : La relation qui existe entre la
matière et la forme. Cette relation prend le nom
de transcendantale parce qu'elle dépasse tous les
genres ; elle appartient à toutes les créatures, car
tout être créé renferme dans son essence un rapport
avec un autre. — La relation prédicamentelle est un
accident réel dont tout l'être consiste dans le rapport
d'une chose à une autre. Ex. : La paternité, la filiation.

RELATIVUM EXTRINSECE ET TERMINATIVE, — INTRINSECE ET SUB-JECTIVE.

Le relatif intrinsèque et subjectif est ce qui possède en soi une relation. Ex. : Deux amis s'aiment
entre eux ; leur amitié est une chose relative intrin-

sèquement et subjectivement. — Le relatif extrinsèseque et terminatif est l'objet, le terme d'une relation n'existant que dans un autre. Ex. : Un homme est aimé ou détesté de son voisin sans réciprocité de sa part. C'est ainsi que l'on péut dire que Notre-Seigneur fut l'ennemi des Juifs, parce que ces derniers haïssaient notre divin Maître, bien que Notre-Seigneur les aimât.

RELICTUM DECRETUM.

C'est le nom donné au décret de Dieu qui a prévu de concourir à la production des effets dans les causes secondes libres. Ce décret laisse, *relinquit*, la liberté aux agents.

RES.

Souvent les philosophes emploient le mot chose pour le mot être. Cependant on peut établir une distinction entre ces deux termes. Le mot être exprime l'acte d'être ; le mot chose, *res*, désigne l'essence de l'être. V. saint Thomas (1re part., q. xxxix, a. 3).

RES INTENTIONIS

La chose d'intention est l'être de raison qui n'existe que dans notre esprit.

RESTRICTIO.

La restriction consiste à employer un terme, non

selon toute l'étendue de sa signification, mais selon un sens amoindri et restreint. Ex. : Ève est la mère des vivants. Le mot vivants a une signification restreinte et ne désigne que les hommes.

REVBAU.

Terme barbare qui a été composé pour exprimer les transcendantaux. Chaque lettre du mot *revbau* sert à désigner un des transcendantaux : *res, ens, verum, bonum, aliquid, unum.*

S

SCIENTIA.

Dans son sens le plus large, la science désigne toute connaissance vraie et certaine, bien qu'elle ne soit pas acquise par démonstration déductive. C'est ainsi que plusieurs arts prennent le nom de sciences. La scienne proprement dite est une connaissance vraie et certaine, logiquement déduite de principes certains. Ex. : La métaphysique, la géométrie. « Toute science, dit saint Thomas, repose sur des principes évidents et sur des conséquences logiquement déduites de ces principes » (2ᵉ de la 2ᵉ, q. ɪ, a. 5.). Voir la Somme théologique, ɪʳᵉ part., q. xɪɪɪ, a. 7 ; q. xɪv, a. ɪ, et ɪʳᵉ de la 2ᵉ, q. ʟɪv, a. 2 et 4, et 2ᵉ de la 2ᵉ, q. ɪ, a. 5 ; q. v, a. 3 ; q. ʟɪɪɪ, a. 4).

SCIENTIA APPROBATIONIS. — SCIENTIA IMPROBATIONIS.

La science d'approbation est la connaissance que Dieu a du bien qu'il approuve. — La science d'improbation est la connaissance que Dieu a du mal qu'il réprouve.

SCIENTIA SIMPLICIS INTELLIGENTIÆ. — SCIENTIA VISIONIS.

La science de simple intelligence est la connaissance des choses purement possibles. — La science de vision est la connaissance que Dieu a de lui-même et de toutes les créatures.

SCIENTIA SPECULATIVA. — SCIENTIA PRACTICA.

La science spéculative est celle dont les connaissances ne se rapportent pas à l'action. Ex. : La métaphysique. — La science pratique est celle dont les connaissances se rapportent à l'action. Ex. : la logique, la morale. « On distingue, dit St Thomas, les sciences purement spéculatives, les sciences purement pratiques et celles qui sont à la fois spéculatives et pratiques. La science est appelée spéculative ou pratique à raison de l'objet connu, de son mode et de sa fin. » (1re part., q. XIV, a. 16). — Dans les sciences spéculatives on distingue : la dialectique, qui découvre la vérité, et la démonstration qui la détermine (2e de la 2e, q. XLVIII).

SCIENTIA SUBALTERNANS. — SCIENTIA SUBALTERNATA.

La science qui subordonne est celle qui donne à une autre science des principes et des conclusions. Ex. : les mathématiques fournissent à la musique des principes, des règles et des conclusions. — La science subordonnée est celle qui reçoit d'une autre science ses principes. Ex. : la musique par rapport aux mathémathiques. « La science qui subordonne, dit S. Thomas, part de principes évidents, reçus comme tels par notre intellect ; la science subordonnée part de principes qu'elle reçoit d'une science supérieure. » (1re part., q. 1, a. 2 et 6).

SECUS SI SECUS.

Autrement si autrement, c'est-à-dire la conclusion sera différente si les circonstances, les relations, etc. diffèrent.

SENSIBILE, SENSILE.

Le sensible est l'objet des sens, ce qui meut les facultés sensibles. Ex. : La couleur, la saveur, etc. « Parmi les sensibles, dit saint Thomas, les uns affectent le sens d'une manière spirituelle, comme la couleur ; d'autres d'une manière matérielle, comme la saveur ; d'autres enfin de ces deux manières (1re part., q. LXVII, a. 1, et q. LXXVII, a. 3). — Les sensibles se distinguent en sensibles propres, sensibles communs, sensibles par accident, sensibles par concomitance. V. *Sensibile commune.* — *Proprium.*

SENSIBILE COMMUNE. — SENSIBILE PER ACCIDENS.

Les sensibles communs sont ceux qui peuvent

être perçus par plusieurs sens ; ils tombent sous les sens par eux-mêmes, mais non de prime-abord. Ex. : La grandeur d'un objet peut être perçue par la vue et par le toucher. Ces sensibles sont au nombre de cinq : la grandeur, la figure, le mouvement, le repos et le nombre. — Les sensibles par accident, appelés aussi sensibles par concomitance, ne sont l'objet direct d'aucun sens, mais sont perçus comme étant renfermés dans les sensibles propres ou les sensibles communs. Ex. : Je vois un homme s'avancer vers moi, je perçois la couleur de son vêtement (sensible propre), je reconnais sa démarche, son maintien, sa figure (sensibles communs), j'affirme que c'est mon ami (sensible par accident). « Dans les sensibles par accident, observe saint Thomas, le jugement peut être faux, parce que le sens ne se rapporte à ces sensibles que par voie de conséquences. » (1re part., q. XVII, a. 2). V. la Somme théologique (1re part., q. LXXVIII, a. 3).

SENSIBILE PROPRIUM.

Le sensible propre est celui qui peut être perçu directement et de prime-abord par les sens. Ex. : La couleur est le sensible propre de la vue. « Le sens propre, dit saint Thomas, juge du sensible propre en le discernant des autres sensibles qui tombent sous le même sens. » (1re part., q. LXXXVIII, a. 4).

SENSU DIVISO. — SENSU COMPOSITO.

Au sens divisé, au sens composé. V. *Composito sensu.*

SENSUS.

Les sens. On emploie souvent ce mot pour dési-gner l'âme sensitive (V. *Anima sensitiva*), ou l'en-semble des facultés sensitives, ou encore la connais-sance qui nous arrive des sens. Le sens proprement dit est ce par quoi la faculté sensitive exerce son acte pour percevoir les choses matérielles, en tant que matérielles. « Les sens, dit saint Thomas, sont une puissance corporelle, c'est pourquoi ils ne peuvent connaître que les choses matérielles et non les choses spirituelles » (1ʳᵉ part., q. XII, a. 3, q. LXXXV, a. 1). — Le mot sens désigne trois choses : la nature sensitive, la faculté et l'acte (1ʳᵉ part., q. LXXIX, a. 1).

SENSUS COMMUNIS.

Le sens commun ou fondamental est la faculté par laquelle notre âme connaît l'existence et la différence des sensations provenant des sens extérieurs. C'est une faculté sensitive dont l'organe, appelé *sensorium commune*, réside dans le cerveau ou, suivant quelques philosophes, dans tout le système cérébro-spinal. « Le sens commun, dit S. Bonaventure, est ainsi appelé parce que les cinq sens particuliers aboutissent à lui et s'y rattachent comme les rayons au centre du cercle (Gent., p. 3, § 21). « L'objet du sens commun, dit S. Thomas, est le sensible propre ; il s'étend à tous les objets des cinq sens extérieurs ; — le sens commun connaît les différences des choses sensibles, mais non le sens propre » (1re part., q. LVII, a. 2 et q. LXXVIII, a. 3 et 4).

SENSUS EXTERNI. — SENSUS INTERNI.

Les sens externes sont ceux qui ont pour objet les choses du dehors. Ex. : La vue, le tact. — Les sens internes ont pour objet les choses sensibles, qui, par le moyen des sens externes, ont déjà affecté l'âme. — Le sens externe, dit S. Thomas, ne perçoit que la chose présente, mais le sens interne perçoit aussi ce qui est absent (1re part., q. LXXVIII, a. 4 ; q. LXXXI, a. 3 ; 1re de la 2e, q. XV, a. 1 ; q. XVII, a. 7 ; q. XXXV, a. 2). — Il y a cinq sens externes : la vue, l'ouïe, l'odorat, le goût et le tact (1re part., q. LXXVIII, a. 3). — Il y a quatre sens internes : le sens commun, l'imaginative, l'estimative, la mémoire sensitive (1re part., q. LXXVIII, a. 4).

SENTIRE.

Le verbe sentir, *sentire*, désigne quelquefois l'acte de l'intelligence. V. S. Thomas (1re part., q. LIV, a. 5).

SIGNATE. — EXERCITE.

V. *Actu exercito, signato.*

SIGNUM FORMALE. — SIGNUM INSTRUMENTALE.

Le signe formel est celui qui représente un objet par mode de similitude. Ex. : Le portrait est le signe formel de la personne qu'il représente. — Le signe instrumental représente un objet ayant avec lui une certaine relation naturelle ou conventionnelle. Ex. : La fumée indiquant le feu est un signe instrumental naturel ; la branche d'olivier est le signe instrumental conventionnel de la paix. V. S. Thomas (1re part., q. LXX, a. 2 et 3e part., q. LX, a. 3 et 4).

SIMILITUDO. — ÆQUALITAS. — DIFFERENTIA. — DIVERSITAS.

La ressemblance convient aux êtres qui ont une même qualité. Ex. : La neige, le lait sont semblables par la couleur. V. S Thomas (1re part., q. IV, a. 3 et q. XLII, a. 1). — L'égalité convient aux êtres qui ont même quantité ou même perfection. « L'unité dans la quantité, dit S. Thomas, produit l'égalité ; l'unité dans la qualité produit le semblable » (in lib. 1 Sent., dist. XIX, q. 1, a. 2). — La différence convient aux êtres qui ont une même qualité essentielle diversement spécifiée. Ex. : L'homme et le lion ont une même qualité essentielle, l'animalité, mais diversement spécifiée ; chez l'homme en effet, l'animalité est spécifiée par la raison. V. S. Thomas, (1re part., q. III, a. 8 et q. XC, a. 1). — La diversité convient aux êtres qui n'ont pas la même essence et dans lesquels on ne considère aucune propriété commune. « Le divers, enseigne S. Thomas, se dit absolument de ce qui n'est pas la même chose, le différent se dit de ce qui n'est pas le même sous certains rapports» (Qq. disp.,de Pot.,q. VII, a. 3 et plus loin dans le même traité, q. IX, a. 8.) « Une forme quelconque produit une différence, mais les seules formes substantielles produisent la diversité. »

SIMULTAS NATURÆ. — SIMULTAS TEMPORIS.

La simultanéité de nature désigne des choses qui découlent de la même cause. — La simultaneite de temps s'applique aux êtres qui sont produits dans le même temps.

SINGULARITAS.

La singularité n'est autre que l'individuation. V. *Principium individuationis.*

SITUS.

La situation ou le site est la disposition des parties du corps dans un lieu. Ex. : Un homme peut être assis ou debout. « La disposition, dit S. Thomas, en ce qui concerne l'ordre des choses qui ont leurs parties dans un lieu, appartient au prédicament de situation que l'on peut définir : l'ordre des parties dans un lieu » (1er de la 2e, q. XLIX, a. 1). Il faut bien se garder de confondre le *situs* et l'*ubi*. Ce dernier, la localisation d'un corps, peut changer, et la situation rester la même. Ex. : Si l'on transporte d'un lieu à un autre un homme couché, profondément endormi. — Ce qui se rapporte à la situation, comme rester assis, se tenir debout, peut se dire de Dieu, dans le langage métaphorique. S. Thomas (1re partie, q. III, a. 1).

SITUS ABSOLUTUS. — SITUS RELATIVUS.

La situation absolue est celle que l'on considère dans les corps pris en eux-mêmes. Ex. : L'homme porte la tête droite. — La situation relative est celle que l'on considère par rapport à d'autres corps, c'est-à-dire sous le point de vue de la longueur, la largeur ou l'épaisseur.

SITUS NATURALIS. — SITUS INNATURALIS.

La situation est naturelle lorsque les diverses parties du corps occupent les positions qui leur sont propres. Ex. : L'homme debout qui tient la tête haute. — La situation n'est pas naturelle lorsque les diverses parties du corps occupent des positions qui ne leur sont pas propres. Ex. : L'acrobate marchant la tête en bas. Cette situation est violente ou arbitraire suivant qu'elle nuit ou non au corps.

SORTES.

Sortes mis pour *Socrates*, Socrate. Ex. : *Sortes est homo*, Socrate est homme. S. Thomas emploie souvent dans ses exemples le mot *Sortes*.

SPECIE DIFFERUNT.

Des choses diffèrent spécifiquement lorsque, ayant le même genre prochain, elles ne sont pas renfermées dans la même espèce. (V. *Arbor Porphyriana*). Ex.: L'homme et le lion.

SPECIES.

Considérée en général, l'espèce est l'image représentative d'un objet. — L'espèce est encore une notion générale exprimant l'essence complète d'un être. Ex. : La notion d'animal raisonnable exprime l'espèce, l'essence de l'homme. V. St Thomas (1re part., q. XIII, a. 9. ; q. LIII, a. 1, et 1re de la 2e, q. 1, a. 3 ; q. LII, a. 1).

SPECIES. — IDEA.

L'idée est l'exemplaire qu'une chose imite. Ex. : la représentation intellectuelle d'un édifice dans l'esprit de l'architecte qui doit le bâtir ; — l'espèce au contraire n'est pas ce que l'on connaît mais ce par quoi l'on connaît, tandis que l'idée doit être connue pour être imitée.

SPECIES IMPRESSA. — SPECIES EXPRESSA.

L'espèce impresse est l'espèce intelligible (V. *Species intelligibilis*),— l'espèce expresse est le verbe intellectuel (V. *Verbum*). Cependant on peut établir une distinction entre l'espèce expresse et le verbe. La première est la représentation intellectuelle de l'objet connu ; elle se rapporte donc plus particulièrement à la chose connue, tandis que le verbe, étant le produit de l'intellect possible, se rapporte directement à lui et indirectement à l'objet connu.

SPECIES INTELLIGIBILIS.

L'espèce intelligible est l'image représentative d'un objet matériel, dépouillée de toute condition matérielle. Les espèces intelligibles, abstraites par l'intellect agent des choses sensibles et matérielles, représentent les objets sans leur individualité et leurs qualités singulières ; elles ne représentent ces objets que dans ce qu'ils ont de formel et d'universel ; elles offrent ainsi l'essence des choses matérielles. On leur a donné le nom d'intelligibles soit à cause de leur immatérialité, soit parce qu'elles représentent l'essence des choses matérielles, objet proportionné de notre intellect. « Notre intelligence, dit S. Thomas, ne peut rien comprendre en acte avant de l'avoir abstrait des fantômes. » (q. v, de Veritate, a. 8.) Toutefois il est utile de rappeler que les espèces intelligibles ne sont pas ce qui est connu mais ce que par quoi l'intellect possible connaît l'essence des choses. « L'intellect agent, dit St Thomas, produit les espèces intelligibles afin que, par leur moyen, l'intellect possible puisse concevoir les choses. » Contre les gentils, livr. II, c. 76, n° 2. (V. *Intellectus agens, Cognitionis theoria.*

SPECIES SENSIBILIS.

L'espèce sensible est la forme représentative d'un objet matériel ; c'est le trait idéal qui permet à cet objet d'agir sur nos sens. V. *Cognitionis theoria.*

SPECIES SUPREMA, — MEDIA, — INFIMA.

L'espèce suprême, moyenne, infime. V. *Arbor Porphyriana.*

SPECIFICE. — REDUPLICATIVE.

D'une manière spécifique ; — d'une manière réduplicative. V. *Reduplicative, specifice.*

STAGYRITES.

Le Stagyrite ou Stagyrique ; nom donné à Aristote, né à Stagyre, colonie grecque de la Thrace.

SUBJECTIVE. — OBJECTIVE.

Subjectivement, c'est-à-dire relativement, par rapport au sujet pensant. — Objectivement, c'est-à-dire en soi, par rapport à l'objet connu.

SUBJECTUM ADHÆSIONIS, — INHÆSIONIS, — INFORMATIONIS.

Le sujet d'adhésion est celui qui est uni à un autre de telle sorte qu'il n'en soit pas le complément. Ex. : Le lierre est uni au chêne. — Le sujet *inhæsionis* est celui qui se trouve uni à un autre qui le soutient et duquel il dépend dans son être. Ex. : La blancheur est unie au lait. — Le sujet *informationis* est celui qui est uni à un autre, comme la forme est unie à la matière. Ex. : L'âme est unie au corps *informative*.

SUBJECTUM ATTRIBUTIONIS, — PRÆDICATIONIS.

Le sujet d'attribution est celui dont on affirme quelque propriété ; celui auquel appartiennent les qualités et les actions. Ex. : Le suppôt est un sujet d'attribution ; les actions et les opérations lui sont en effet attribuées. — Le sujet *prædicationis* d'affirmation est ce dont une chose s'affirme d'une manière essentielle. Ex. : L'homme est doué de raison.

SUBJECTUM DENOMINATIONIS. — INHÆSIONIS.

Le sujet de dénomination est celui qui reçoit quelque qualité ; le sujet *inhæsionis* est celui en vertu duquel le sujet de dénomination possède la qualité qui lui est attribuée. Ex. : L'intelligence se trouve dans l'homme tout entier comme dans un sujet de dénomination, mais elle est dans l'âme seule comme dans le sujet *inhæsionis*.

SUBSISTENTIA.

La subsistance est le mode d'après lequel une chose existe en elle-même et non dans un autre. Ce mode d'existence est propre aux substances complètes ; c'est l'acte en vertu duquel les substances complètes existent. On peut définir la subsistance : L'actualité par laquelle une nature devient maîtresse d'elle-même, ne dépend d'aucune autre à laquelle elle adhère comme à un sujet, et possède la vertu d'opérer sans se communiquer à un autre. Considérée d'une façon concrète, la subsistance n'est autre que le suppôt. V. *Suppositum.* On l'appelle aussi *hypostasis, suppositalitas, terminus rei.* V. saint Thomas (1re part., q. XXIX, a. 2 ; q. XLI, a, 6 ; q. XLIV, a. 1 ; q. LIV, a. 2 ; q. LXXV, a. 7). — Tout ce qui est en Dieu, dit saint Thomas, subsiste, et cependant il n'y a que trois subsistances, trois personnes (1re part., q. XXIX, a, 2 et 3 ; q. XXX, a. 1 ; q. XXXIV, a. 2).

SUBSTANTIA.

La substance est l'être existant en soi, celui qui pour exister n'a nul besoin d'adhérer à un autre comme à un sujet qui le supporte. Ex. : Un arbre, un lion, un homme, sont des substances. Quatre propriétés sont communes à toutes les substances : 1° D'être en soi et non dans un autre ; 2° d'être un sujet permanent ; 3° de n'avoir pas de contraire comme les accidents ; cependant deux substances peuvent être contraires par leurs qualités ; 4° de n'être pas susceptibles de plus et de moins. « On ne peut dire en effet, observe S. Thomas, que l'espèce d'une substance est plus ou moins possédée par divers individus » (1re part., q. XCIII, a. 3). Il reste bien évident qu'une espèce de substance peut être plus parfaite qu'une autre. Les substances créées présentent deux qualités : 1º elles peuvent soutenir des accidents ; 2º elles peuvent recevoir successivement des modifications contraires. Aristote ajoute la propriété de s'affirmer d'une manière univoque des inférieurs. Le prédicament substance désigne le genre suprême. V. *Arbor Porphyriana*. Aristote se sert quelquefois du mot substance pour désigner l'essence des choses (lib. de Prædic., cap. 3). — V. S. Thomas (1ʳᵉ part., q. 111, a. 3 et 5 ; q. xxvii, a. 2 ; q. xxix, a. 1 ; 3ᵉ part., q. xxvi, a. 3 ; q. lxxvii, a. 1).

SUBSTANTIA. — ACCIDENS.

La substance est l'être existant en soi ; l'être qui, pour exister, n'a nul besoin d'adhérer à un autre comme à un sujet qui le supporte. Ex. : Un arbre, Pierre, Paul. — L'accident est l'être inhérent à un autre ; l'être qui, pour exister, a besoin d'adhérer à un autre comme à un sujet qui le supporte. Ex. : La couleur. On doit admettre une distinction réelle entre la substance et l'accident. Celui-ci en effet apporte à la première des changements réels; aussi Aristote l'appelle-t-il une entité ajoutée à l'être, *ens entis*. — Des accidents contraires peuvent affecter successivement la même substance : un mur, de blanc qu'il était, peut devenir noir; ce qui suppose une distinction réelle entre la substance et les accidents ; d'ailleurs, la négation de cette distinction conduirait au panthéisme. « Si les accidents, dit Leibnitz, ne sont point distincts des substances, si la substance créée est un être successif, si elle ne dure pas au delà d'un moment et ne se trouve pas la même durant quelque partie assignable du temps, non plus que ses accidents,.. pourquoi ne dira-t-on pas comme Spinosa que Dieu est la seule substance et que les créatures ne sont que des accidents et des modifications? » (Essai de théol., 111ᵉ part., nᵒ 393). — La théologie suppose une distinction réelle entre les accidents et la substance. La foi, l'espérance et la charité sont des vertus infuses, des accidents surnaturels surajoutés à notre nature. Si donc la substance de notre âme n'était pas distincte de ses accidents, il faudrait admettre que la substance de notre âme est surnaturelle. — Enfin les accidents sont distincts entre eux : la couleur est distincte du mouvement, le mouvement de la quantité, etc. ; il faut donc distinguer la substance des accidents, sinon la substance serait à la fois une et multiple.

SUBSTANTIA COMPLETA. — SUBSTANTIA INCOMPLETA.

La substance complète est celle qui n'est pas destinée à s'unir à une autre ; elle peut, par elle-même, exercer toutes les opérations propres à sa nature. Ex. : L'ange, l'homme, le lion, etc. — La substance incomplète est celle qui est destinée à s'unir à une autre pour former avec celle-ci un composé substantiel ; elle ne peut exercer toutes les opérations propres à sa nature sans être unie à la substance qu'elle réclame et qui la complète. Ex.: L'âme humaine. La substance peut être incomplète par rapport à l'espèce ou par rapport à la substantialité. V. *Substantia incompleta in ordine speciei.*

SUBSTANTIA INCOMPLETA IN ORDINE SPECIEI, — INCOMPLETA IN ORDINE SUBSTANTIALITATIS.

La substance est incomplète (V. *Substantia completa, incompleta*) sous le rapport de l'espèce et de la substantialité, lorsque, par elle-même, elle ne peut exercer aucune opération propre à sa nature ; elle n'a pas alors de substantialité propre et dépend intrinsèquement du principe substantiel qui doit la compléter. Ex.: L'âme des bêtes. La substance est incomplète sous le rapport de l'espèce et non sous le rapport de la substantialité, lorsque, par elle-même, elle peut produire certaines opérations propres à sa nature. Ex. : L'âme humaine. Elle a une substantialité propre.

SUBSTANTIA PRÆDICAMENTALIS, — TRANSCENDENTALIS.

La substance prédicamentelle est la substance créée. Elle se trouve dans les prédicaments. — La substance transcendantale est la substance considérée en général, qu'elle soit créée ou non.

SUBSTANTIA PRIMA. — SUBSTANTIA SECUNDA.

La substance première est la substance proprement dite, l'individu. Ex. : Pierre, Paul, ce lion, cette plante. — Les substances secondes sont les genres et les espèces. Ex. : L'animalité, l'humanité. La substance première est la substance particulière, individuelle. La substance seconde est la substance considérée d'une façon universelle. La substance individuelle est appelée première, parce que nous connaissons d'abord les individus, et que ceux-ci méritent le vrai nom de substance parce qu'ils subsistent en eux-mêmes et soutiennent les accidents. Les substances secondes sont ainsi appelées parce qu'elles ne peuvent subsister que dans la première, c'est-à-dire dans les individus ; elles ne soutiennent pas les accidents ; ce n'est pas en effet l'humanité, l'homme en général qui est grand ou petit, savant ou ignorant mais tel individu, Pierre ou Paul par exemple, en d'autres termes les substances premières. S. Thomas (q. VII, de la Puissance, art. 9) donne une autre raison : les substances premières sont ainsi appelées parce que ce sont les premières choses connues ; les substances secondes ne sont connues qu'après, par la réflexion de l'âme sur elle-même. Nous connaissons en effet tel homme avant d'avoir l'idée d'humanité : les individus d'abord, les espèces et les genres ensuite.

SUPERSUBSTANTIA.

La sursubstance est un terme dont se servent certains philosophes pour désigner Dieu. Il ne convient pas en effet que Dieu soit compris dans le genre substance. V. S. Thomas (1ʳᵉ part., q. III, a. 5). Non seulement Dieu existe en soi comme la substance créée, mais il existe par soi en vertu de son essence ; il mérite donc un nom plus éminent que celui de substance ; d'où le terme *supersubstantia*, aujourd'hui inusité.

SUPPOSITALITAS.

Subsistance. V. *Subsistentia.*

SUPPOSITIO. — AMPLIATIO. — APPELLATIO.

La supposition consiste à employer un terme au lieu de la chose signifiée, ou bien au lieu du mot lui-même. Ex. : l'homme est une espèce pour l'humanité ; Paul est son nom. — L'ampliation consiste à donner au terme une signification plus étendue, plus large. Ex. : Ève est la mère des vivants ; vivants mis pour hommes. — L'appellation consiste à appliquer la signification d'un terme à un autre. Ex. : l'homme est médecin ; j'applique le mot médecin au mot homme. V. St Thomas (1ʳᵉ part., q. XXXVI, a. 4).

SUPPOSITIO COMPLETA, — INCOMPLETA. — ACCOMMODA.

La supposition est complète lorsque le terme employé convient à tous les signifiés pris individuellement. Ex. : Tout homme est doué de raison ; tout cercle est rond. — Elle est incomplète lorsque le terme employé convient à tous les signifiés pris spécifiquement et non individuellement, en d'autres termes convient à l'espèce et non à tous les individus. Ex. : Tout animal fut introduit dans l'arche de Noë ; toutes les espèces et non tous les individus. — La supposition est accommodée lorsque le terme employé convient à tous les signifiés sauf quelques exceptions à établir. Ex. : Tous les hommes ont péché en Adam ; tous les hommes périrent par les eaux du déluge.

SUPPOSITIO DETERMINATA, — CONFUSA.

La supposition déterminée consiste à employer un terme exprimant un objet spécial et très clairement déterminé. Ex. : Un apôtre renia trois fois Notre-Seigneur pendant la passion. S. Pierre est ici très clairement désigné. — La supposition est confuse lorsque le terme employé exprime un objet qui reste indéterminé. Ex. : Un pinceau est nécessaire pour peindre. On n'indique pas tel ou tel pinceau ; la phrase a un sens indéterminé.

SUPPOSITIO DISTRIBUTIVA, — COLLECTIVA, — DISJUNCTA.

La supposition distributive consiste à employer un terme commun à tous les signifiés. Ex. : Tout homme est doué de raison. Cette supposition est complète, incomplète ou accommodée. V. *Suppositio completa*. — La supposition collective consiste à employer un terme qui convient à tous les signifiés pris dans leur ensemble et non séparément. Ex. : Les apôtres étaient douze. — La supposition disjonctive consiste à employer un terme qui ne convient qu'à une partie des signifiés. Elle est déterminée lorsque les signifiés sont désignés d'une manière certaine. Ex. : Les apôtres qui accompagnèrent Notre-Seigneur au jardin des Olives. Elle est indéterminée lorsque les signifiés ne sont pas désignés d'une manière certaine. Ex. : Apportez-moi des branches pour mon feu.

SUPPOSITIO MATERIALIS, — FORMALIS.

La supposition matérielle est l'emploi d'un terme au lieu du mot lui-même. Ex. : Prudent est un adjectif. — La supposition formelle est l'emploi d'un terme au lieu de la chose signifiée. Ex. : L'homme est vivant.

SUPPOSITIO PROPRIA, — IMPROPRIA.

La supposition est propre lorsque le terme employé est pris dans son sens propre et naturel. Ex. : L'homme est doué de raison. — La supposition est impropre lorsque le terme employé est pris dans un sens figuré. Ex. : Cet homme est un lion.

SUPPOSITIO SIMPLEX. — REALIS.

La supposition simple consiste à employer un terme au lieu de la chose signifiée, lorsque celle-ci est une abstraction de l'esprit. Ex. : L'homme est une espèce. La supposition réelle consiste à employer un terme au lieu de la chose signifiée lorsque celle-ci est considérée en elle-même et non dans une abstraction de l'esprit. Ex. : L'homme est doué de raison.

SUPPOSITUM. — PERSONA.

Le suppôt est une substance individuelle qui est, par elle-même, un tout complet qui subsiste d'une façon incommunicable et qui peut produire des opérations propres que nul autre ne peut revendiquer. Le suppôt s'applique aux seuls êtres privés de raison. Ex. : Le lion. Lorsque le suppôt est doué de raison, il prend le nom de personne. V. *Persona.* Dans les êtres composés, dit saint Thomas, le suppôt et la nature diffèrent (1ᵉᵉ part. q. III, a. 3 ; q. XXIX, a. 2 et 3ᵉ part., q. XVI, a. 5). Voir dans la Somme théologique (1ʳᵉ part., q. III, a. 3 ; q. XXXIX, a. 1 ; et 3ᵉ part. q. II, a. 2 ; q. XVI, a. 1) quel sens on doit donner au mot suppôt quand il se rapporte à Dieu.

SUTURA.

Suture, connexion des os. V. *Symphysis.*

SYLLOGISMUS APODICTICUS. — DIALECTICUS, — SOPHISTICUS.

Le syllogisme apodictique est celui dont les prémisses sont des vérités fondées sur l'essence des choses. V. *Apodicticus syllogismus.* — Le syllogisme dialectique est celui dont les prémisses sont probables. « L'opinion qui résulte du syllogisme dialectique, dit S. Thomas, ouvre la voie à la science qui s'acquiert par la démonstration (3ᵉ part., q. IX, a. 3). — Le syllogisme sophistique est celui dont les prémisses sont fausses. V. S. Thomas (1ʳᵉ part., q. LXXXIII, a. 1).

SYMBOLA ELEMENTA

V. *Elementa symbola, asymbola.*

SYMPHYSIS.

La symphyse ou connexion naturelle est l'union par laquelle un os est joint à un autre os et reste immobile. Ex. : Les dents par rapport à la mâchoire. La symphyse est immédiate ou médiate. Elle est appelée immédiate lorsqu'elle ne réclame le secours d'aucun autre corps; elle est médiate lorsque la connexion a lieu au moyen de cartilages ou d'autres appendices. La symphyse immédiate est de trois sortes : 1° Elle prend le nom de *suture*, lorsque la connexion des os est tout à fait homogène. Ex. : La réunion des os du cerveau. 2° On la nomme *gomphose* lorsqu'il y a emboîtement d'un os dans un autre. 3° Enfin il y a *harmonie* lorsque la réunion des os constitue un assemblage symétrique en ligne droite ou courbe.

SYNARTHROSIS.

La synarthrose est la coarticulation des os. V. *Ar-throsis.*

SYNCATEGOREMATICA.

Les syncatégorématifs sont des termes qui ont besoin d'êtres unis à d'autres termes pour avoir une signification. V. *Categorematici termini.*

SYNCATEGOREMATICE.

V. *Categorematice.*

SYNCATEGOREMATICUM INFINITUM.

L'infini syncatégorématique. V. *Infinitum cate-gorematicum.*

SYNDERESIS.

La syndérèse, dit S. Thomas, est une habitude naturelle des premiers principes moraux qui nous porte vers le bien et nous fai: fuir le mal (1ʳᵉ part., q. XIII; q. LXXIX, a. 1 et 12 et 1ᵉʳ de la 2ᵉ, q. XCIV, a. 1, et 2 de la 2ᵉ, q. XLVII);

T

TALITAS REI.

Ce qui rend une chose telle, c'est-à-dire ce qui détermine une chose et lui donne ses qualités, soit essentielles soit accidentelles.

TEMPERAMENTUM.

Le tempérament exprime la juste proportion des
quatre éléments dans les corps mixtes, que les anciens
philosophes supposaient être composés de terre, d'eau,
de feu et d'air.

TEMPERAMENTUM AEREUM, — IGNEUM, — AQUATICUM, — TERREUM.

Les tempéraments aérien, igné, aquatique, terrestre étaient des tempéraments non uniformes. V.
Temperamentum uniforme.—Le tempérament aérien,
appelé aussi sanguin, était celui dans lequel dominait l'air. La chaleur et l'humidité le caractérisaient.
— Le tempérament igné, appelé aussi cholérique,

cholericum, était celui dans lequel le feu dominait ; il était caractérisé par la chaleur et la sécheresse. — Le tempéramment aquatique, appelé aussi phlegmatique, était celui dans lequel l'eau dominait ; il était caractérisé par le froid et l'humidité. — Le tempéramment terrestre, appelé aussi mélancolique, *melancholicum*, était celui dans lequel la terre dominait; il était caractérisé par le froid et la sécheresse.

TEMPERAMENTUM UNIFORME, — DIFFORME.

Le tempérament (V. *Temperamentum)* uniforme était, d'après les anciens philosophes, l'égale proportion, dans les corps mixtes, des quatre éléments, la terre, l'eau, le feu et l'air ; aucun élément ne dominait l'autre. Ce tempérament s'appelait aussi *temperamentum ad pondus.* — Le tempérament non uniforme, ou *temperamentum ad justitiam,* était l'inégale proportion des quatre éléments dans les corps mixtes. La proportion était réclamée par la nature des corps, et, suivant l'espèce, c'était tel ou tel élément qui devait dominer. V. *Temperamentum aereum.*

TEMPUS. — ÆVUM. — ÆTERNITAS.

Le temps, l'éviternité, l'éternité. — Pour bien comprendre ce que les scolastiques entendent par le temps, il est utile de donner quelques notions préliminaires. La durée est la permanence d'un être dans l'existence. « Une chose dure, dit S. Thomas, aussi longtemps qu'elle est en acte, » (in lib. 1 Sent., dit. xix, q. ii, a. 1). Il y a trois sortes de durée : l'éternité, l'*œvum* et le temps. — L'éternité est la durée tout à fait invariable; elle peut se définir avec Boëce: L'indivisible et parfaite possession d'une vie qui n'a pas de fin. L'éternité exclut toute succession, tout changement, tout mouvement; c'est le présent indivisible et indéfectible. « L'éternité, dit St Thomas, est la possession sans fin, simultanée et parfaite de la vie (1re part., q. x, a. 1, a. 2). — Elle exclut le commencement de la durée (1re part., q. xlii, a. 2). L'éternité ne convient proprement qu'à Dieu seul (1re par., q. x, a. 2). — L'*œvum* ou perpétuité, éviternité, est la durée d'un être qui, invariable dans sa substance, subit des modifications, des successions dans ses opérations et dans d'autres accidents. Cette durée ne peut appartenir qu'aux substances spirituelles. « La perpétuité, dit St Bonaventure, est la mesure des anges pour ce qui concerne leur être substantiel, qui est invariable et incorruptible, mais le temps est la mesure de leurs propriétés, qui varient; chez les anges un sentiment peut changer d'intensité » (in. lib. 1 Sent., dist.xxxvii, p. 2, dub. 3). V. St Thomas (1e part., q. x, a 5 et 6). — Le temps est la durée d'un être variable dans sa substance et ses accidents; il peut se définir avec Aristote : Le nombre et la mesure du mouvement selon la priorité ou la postériorité. « Le temps, observe judicieusement le savant Prisco, suppose le mouvement ; cela est si vrai, que, si nous ne percevions aucun changement, nous ne nous apercevrions pas du temps écoulé. Ainsi celui qui s'éveille d'un profond sommeil se croit encore à l'heure où il s'est endormi. Les parties que nous voyons dans le mouvement sont discrètes, car l'existence transitoire du mouvement consiste dans la cessation d'une partie lorsque commence la suivante. Si donc nous connaissons le temps par les parties du mouvement et si ce dernier est composé de parties non continues mais discrètes, évidemment aussi le temps est composé de parties non continues mais successives. Or quelles sont les parties du temps ? le passé, le présent, le futur. L'essence du temps consiste en ce que le présent, dans sa fragile existence, devient le passé, et le futur devient le présent. L'instant dans le temps est précisément l'unité qui sert à mesurer le mouvement. » Le nombre des successions est le temps lui-même. V. St Thomas (1re part., q. x, a. 4 et 6. ; q. LIII, a. 3 ; q. LXIII, a. 6).

TEMPUS COMPARATUR AD PRIMUM MOTUM.

Le temps comparé au premier mouvement. Le premier mû était, selon les anciens philosophes, le plus haut de tous les cieux, le firmament qui communiquait à tout l'univers les divers mouvements. « Le temps, dit saint Thomas, existe dans le premier mouvement du ciel, comme dans son sujet et dans le premier objet mesuré (1re part., q. x, a. 6). — Le temps, par lui-même, est la mesure du premier mouvement : voilà pourquoi il ne mesure l'être qu'autant qu'il est soumis à la variation suivant le mouvement du ciel (1re part., q. x, a. 4). — L'unité et la pluralité du temps se considèrent suivant le premier mouvement du ciel, qui est le principe de tout mouvement et de tout repos (3e part., q. LXXV, a. 7).

TERMINATIVA INDIVISIBILIA, — COPULATA.

Les indivisibles copulatifs ; — les indivisibles terminatifs. V. *Continuum*.

TERMINI CATEGOREMATICI.

Les termes catégorématiques sont ceux qui, par eux-mêmes, ont une signification propre. V. *Categorematici termini*.

TERMINI PRIMÆ INTENTIONIS, — SECUNDÆ INTENTIONIS.

Les termes de première intention sont ceux qui expriment l'objet tel qu'il est en lui-même. — Les termes de seconde intention sont ceux qui expriment l'objet tel qu'il est dans notre esprit et suivant le point de vue que notre esprit considère.

TERMINI RECIPROCI.

Les termes réciproques sont ceux qui se concluent logiquement les uns des autres. Ex. : Les termes homme et animal raisonnable sont réciproques.

TERMINI SUBSTANTIVI, — CONNOTATIVI.

Les termes substantifs servent à désigner les substances, ou ce qui est abstrait de la substance. Ex. :
Pierre, bonté. — Les termes connotatifs ou adjectifs
désignent la manière d'être de la substance. Ex. :
Grand, petit, prudent.

TERMINI UNIVOCI, — MULTIVOCI, — ÆQUIVOCI, — ANALOGI.

Les termes univoques sont ceux qui, désignant
plusieurs objets, conservent toujours la même signification. Ex. : Le terme animal est univoque, soit
qu'il s'applique à un homme, soit qu'il s'applique à
un lion, etc. — Les termes multivoques ou polyonymes sont ceux qui expriment la même notion à l'aide
de plusieurs noms. Ex. : Les mots sabre, épée,
glaive sont multivoques, parce qu'ils expriment la
même pensée. — Les équivoques désignent plusieurs
choses avec des significations diverses. Ex. : Le mot
aigle peut signifier une constellation, un oiseau, un
drapeau, etc. — Les analogues sont ceux qui sont
attribués à divers objets qui ont entre eux un certain rapport naturel ou conventionnel.

TERMINUS A QUO, — AD QUEM, — CUI.

Le terme *a quo* est le point de départ. — Le terme
ad quem est la limite vers laquelle une chose tend.
— Le terme *cui* est le motif pour lequel une chose est
faite. Ex. : Je donne l'aumône à un pauvre : la cha-

rité est le terme *a quo* ; le pauvre, le terme *ad quem* ; le motif pour lequel je soulage le pauvre, le terme *cui.*

TERMINUS ACTIONIS. — TERMINUS DENOMINATIONIS.

Le terme de l'action est ce qui est produit par l'opération. — Le terme de dénomination est ce qui, par suite de l'opération, reçoit une nouvelle appellation.

TERMINUS ANTECEDENS. — TERMINUS CONSEQUENS.

Le terme antécédent est celui qui cause un autre terme. Ex. : Le terme animal est antécédent par rapport à celui de vivant, parce que ce dernier découle du premier. — Le terme conséquent est celui qui découle d'un autre terme. Ex. : Le terme vivant par rapport à celui d'animal.

TERMINUS RELATIONIS.

Le terme de la relation. V. *Relatio.*

TERMINORUM ASCENSUS, — DESCENSUS.

V. *Ascensus terminorum.*

TETRAGRAMMATON.

C'est le nom propre de Dieu. Ce terme est employé pour désigner l'essence divine en tant qu'elle est incommunicable. V. S. Thomas (1ʳᵉ part., q. xiii, a. 9 et 11).

TOPICA.

Topique, nom donné à la dialectique comme renfermant les sources, les lieux où l'on puise les arguments probables.

TOTALITER, ABSOLUTE.

Totalement, absolument, V. *Absolute, Totaliter*.

TOTO GENERE DIFFERUNT.

Des choses diffèrent de tout genre lorsqu'elles ne sont pas renfermées dans le même genre prochain. (V. *Arbor Porphyriana*). Ex.: L'homme et le marbre.

TOTUM ACTUALE. — TOTUM POTENTIALE.

Le tout actuel est celui qui est composé de parties effectives pouvant être séparées les unes des autres. Ces parties peuvent être physiques, ex.: Les diverses parties de ma table; métaphysiques, ex.: L'espèce et la différence par rapport au genre; intégrantes, celles sans lesquelles l'être serait imparfait, ex.: Les mains, les pieds, pour l'homme. — Le tout potentiel est celui qui est composé de facultés, de puissances distinctes entre elles. Ex.: Notre âme est un tout potentiel possédant des facultés distinctes entre elles; l'idée de genre par rapport aux espèces qu'elle renferme forme aussi un tout potentiel. V. S. Thomas (1ʳᵉ part., q. LXXVII, a. 1 et 1ʳᵉ de la 2ᵉ, q. LVII, a. 2).

TOTUM ESSENTIALE. — TOTUM ACCIDENTALE.

Le tout essentiel est le composé de genre et de différence. — Le tout accidentel est ce qui est composé de plusieurs êtres en acte. Ex. : Un monceau de pierres. V. S. Thomas (1ʳᵉ part., q. LXXVI, a. 8).

TOTUM HOMOGENEUM. — TOTUM HETEROGENEUM.

Le tout homogène est celui qui est composé de plusieurs parties de même nature. Ex : L'air. — Le tout hétérogène est celui qui est composé de parties qui n'ont pas la même nature. Ex. : Un édifice, un corps composé. V. S. Thomas (1ʳᵉ part., q. XI, a. 2).

TOTUM METAPHYSICUM, — PHYSICUM, — MORALE.

Le tout métaphysique est celui qui se compose de parties que notre esprit peut seul séparer par une opération intellectuelle. Ex. : Le genre, qui peut se diviser en plusieurs espèces. — Le tout physique est celui qui se compose de parties que l'on peut réellement séparer. Ex. : L'arbre, dont on peut séparer les branches, la tige, la racine. — Le tout moral est celui qui est composé d'un certain nombre d'êtres doués de raison et unis par un lien moral. Ex. : Une famille.

TRANSCENDENTALE.

Le transcendantal est ce qui s'applique à toutes les choses réelles ou possibles. Ex. : L'être et les attributs de l'être : unité, bonté, vérité.

TRANSCENDENTALES. — INTRANSCENDENTALES. — SUPERTRANSCENDENTALES TERMINI.

Les termes transcendantaux sont ceux qui expriment les propriétés qui conviennent à tous les êtres, quels qu'ils soient. V. *Transcendentalia*. — Les termes intranscendantaux expriment les propriétés qui conviennent aux êtres d'une nature déterminée. Ex. : Minéral, végétal, animal. — Les termes supratranscendantaux expriment les propriétés communes non seulement à tous les êtres existants, mais encore aux êtres de raison, aux simples possibles. Ex. : L'intelligible, le significatif.

TRANSCENDENTALIA.

Les transcendantaux désignent les propriétés générales, communes à tous les êtres : l'unité, la vérité, la bonté, la beauté. On les exprime par les six mots suivants : *Res, ens, verum, bonum, aliquid, unum.* V. *Revbau.*

TRANSCENDENTALISMUS.

Le transcendantalisme est le système des philosophes qui négligent ou rejettent toutes les données fournies par l'expérience.

TRANSCENDENTALITER. — PHYSICE.

D'une façon transcendantale, c'est-à-dire d'une façon métaphysique, dépassant toute distinction de genre, d'espèce, d'individu ; la chose considérée en soi, absolument, en général ; — c'est l'opposé de *physice,* qui désigne l'objet considéré dans son être particulier.

TRANSCENDENTALITER. — PRÆDICAMENTALITER.

Dans l'ordre transcendantal. — Dans l'ordre prédicamentel. V. *Prædicamentaliter, transcendentaliter.*

TRANSUMPTIVE.

Par analogie, dans un sens métaphorique. C'est ainsi que nous disons : Un parfait larron. V. S. Thomas (2ᵉ de la 2ᵉ, q. xiv, a. 4); ou par métalepse. Ex. : Nous le pleurons, pour : il est mort.

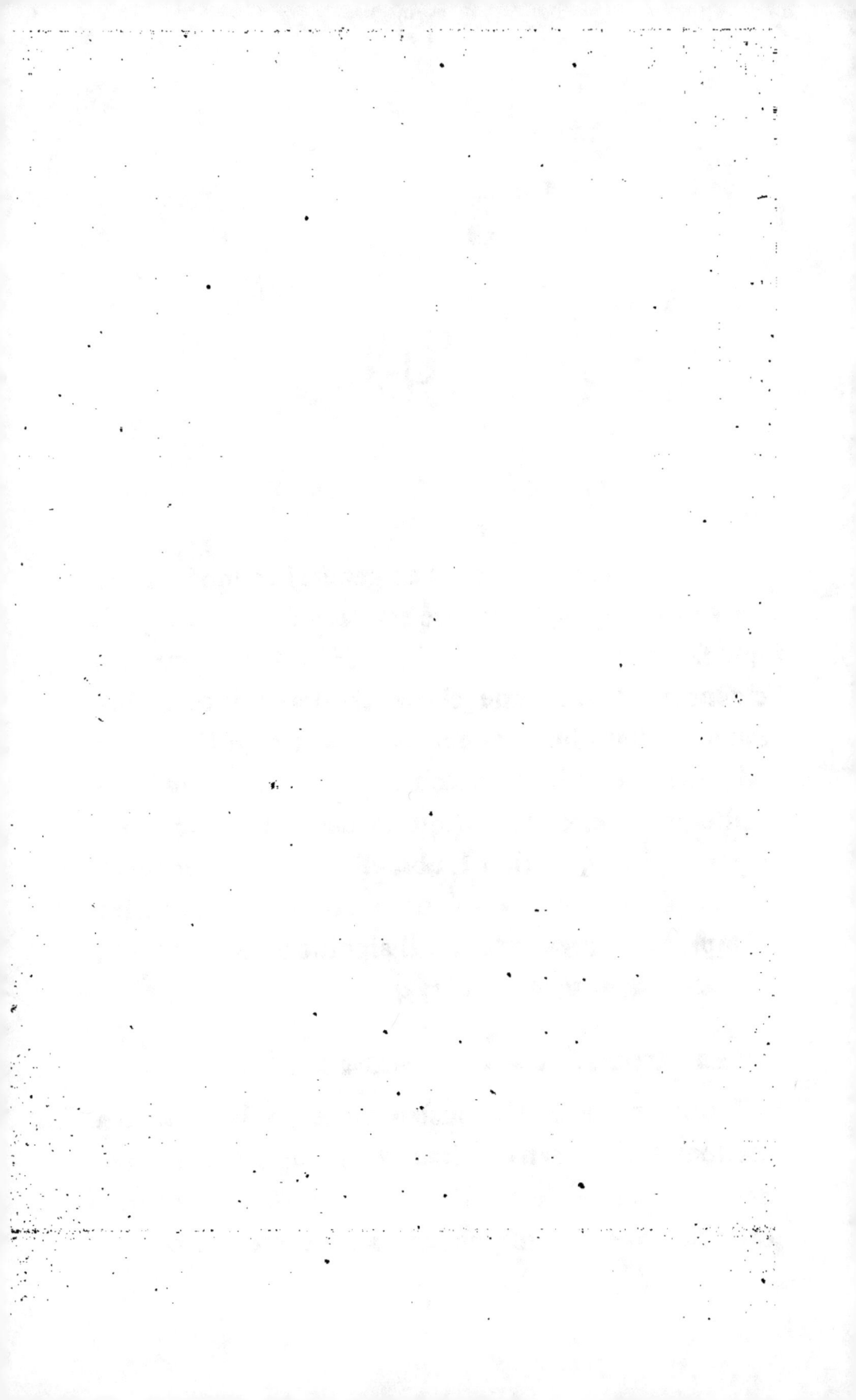

U

UBI.

L'ubi ou la présence est en général ce mode d'être
en vertu duquel une chose est dans un lieu de quelque façon que ce soit. L'ubi prédicamentel est l'accident par lequel une chose est déterminée à être
dans un lieu plutôt que dans un autre. « C'est, dit
Albert-le-Grand, la circonscription du corps produite par la circonscription du lieu » (*De sex prin-
cipiis*, tract. v, c. 1). « L'ubi, dit saint Bonaventure,
comparé au corps ambiant, marque la superficie;
comparé au corps entouré, il signifie le lieu » (in lib.
11 Sent., dist. 11, p. 1, a. 1, q. 1). V. *Locus.*

UBI CIRCUMSCRIPTIVUM. — UBI DEFINITIVUM.

L'ubi circonscriptif consiste en ce que la substance
est tout entière dans le lieu, mais non tout entière
dans chaque partie du lieu ; aux différentes parties
du contenant correspondent les différentes parties

20

du contenu. Cet ubi ne convient qu'aux substances matérielles et se produit par le contact des quantités dimensives. C'est ainsi que le vin se trouve dans la bouteille. « Une chose, dit saint Bonaventure, existe d'une manière circonscriptive quelque part, lors-qu'elle se trouve dans ce lieu de manière à être tout entière dans le tout et partiellement dans la partie » (in lib. IV Sent., dist. x, p. 1, a. 1, q. 4). — L'ubi définitif consiste en ce qu'une substance est tout entière dans le lieu et tout entière dans chacune des parties du lieu. Ainsi notre âme est tout entière dans tout le corps et dans chacune de ses parties. Ainsi pourrait-on dire, par une certaine analogie, que la parole du professeur est tout entière dans la classe et dans chacune de ses parties ; de même la vapeur, par sa force, est tout entière dans la chaudière et dans chacune de ses parties. Ces comparaisons ne sont pas cependant rigoureusement exactes, car l'ubi définitif ne convient qu'aux substances simples et immatérielles. Ces dernières substances peuvent être dans chaque partie du lieu ou par la totalité de leur essence, mais non par la totalité de leur puissance; ainsi l'âme est tout entière d'une totalité d'essence dans chaque partie du corps, mais non d'une totalité de puissance : elle ne peut voir par les oreilles ni en-tendre par les yeux. Elles peuvent être tout entières par la totalité de leur essence et de leur puissance : Dieu est présent en tout lieu par son essence et sa toute-puissance. V. saint Thomas (1re part., q. LII, a. 2).

UBI QUANTITATIVUM.

L'ubi quantitatif n'est autre que l'ubi circonscriptif. V. *Ubi circumscriptivum.*

UBI SACRAMENTALE.

L'ubi sacramentel est défini par Goudin (Logique majeure, 1re partie, thèse II, q. VI, a. 5) : La présence d'une substance qui demeure en son lieu naturel sous les accidents d'une autre dont elle a pris la place. C'est ainsi que Notre-Seigneur est présent dans l'Eucharistie. V. Saint Thomas (3e part., q. LXXVI, a. 5).

UBICATIO. — UBICATUS.

Le premier terme désigne le lieu, l'ubi ; — le second indique l'objet, l'être placé dans le lieu.

UBIQUITAS.

L'ubiquité est la présence de Dieu en tout lieu. V. S. Thomas (1re part., q. VIII, a. 2 ; q. XVI, a. 7 ; q. LII, a 2 ; q. CXII, a. 1).

UNICITAS.

L'unicité est l'attribut de l'être souverain, qui ne peut avoir de semblable, qui est unique ; l'unicité n'appartient qu'à Dieu. V. S. Thomas (1re part., q. XXXIII, a. 3 et q. XLI, a. 3).

UNIO.

L'union est la jonction de deux ou plusieurs choses. S. Thomas distingue trois sortes d'union : celle des choses entières et parfaites ; celle des choses imparfaites et celle des choses transformées (3ᵉ part., q. II, a. I).

UNIO ACCIDENTALIS, — PERSONALIS, — SUBSTANTIALIS.

L'union est accidentelle lorsque deux ou plusieurs substances complètes sont unies de façon à conserver leur être et leurs opérations propres : de cette union ne surgit pas une nouvelle essence et, après leur séparation, les subtances ne perdent ni leur espèce, ni leur unité essentielle. Ex. : L'union qui existe entre le vêtement et l'homme qui en est revêtu ; entre le navire et le pilote, le cavalier et le cheval, etc. — L'union est personnelle lorsque deux ou plusieurs substances sont intimement unies de façon à ne former qu'un seul individu auquel on attribue les opérations des substances composantes. Ex. : Dans l'homme, l'âme est unie au corps d'une union personnelle, et l'on attribue à l'homme les opérations du corps et celles de l'âme. Dans Notre-Seigneur, la nature humaine et la nature divine sont unies si intimement qu'elles ne forment qu'une seule personne, à laquelle on attribue les actions soit de la nature humaine, soit de la nature divine. — L'union est sub-

stantielle, ou essentielle, lorsque deux ou plusieurs substances incomplètes s'unissent pour se perfectionner
mutuellement ; de cette union surgit une seule substance complète, une seule nature, une seule essence,
une seule espèce ; après leur séparation, les substances
auparavant réunies ou perdent leur espèce, leur unité,
leurs opérations propres, ou demeurent incomplètes.
L'âme humaine est unie au corps d'une union substantielle. Le corps reçoit en effet de l'âme son complément substantiel, sa vie, sa sensibilité, son espèce
propre et ses autres qualités, sans lesquelles le corps
ne serait pas un corps humain. L'âme reçoit du
corps le pouvoir d'exercer certaines de ses facultés
essentielles. Ex. : Percevoir les sensations. De plus
l'union de l'âme et du corps ne forme qu'une seule
substance complète, l'homme ; qu'une seule nature,
la nature humaine ; qu'une seule espèce, l'espèce
humaine. Enfin après la séparation, le corps cesse
d'exister comme corps humain, et l'âme demeure
incomplète, soupirant sans cesse après sa réunion
avec le corps, qu'elle doit de nouveau informer.

UNIO EFFECTIVA, — DISPOSITIVA, — RELATIVA, — FORMALIS.

On distingue quatre sortes d'union entre la matière et la forme. — L'union effective est l'opération
en vertu de laquelle l'agent unit la matière et la forme.
— L'union dispositive est l'ensemble des aptitudes de
la matière à recevoir la forme. — L'union relative

est la réciprocité de la matière et de la forme. — L'u-
nion formelle est le lien qui unit la matière à la
forme.

UNIO INFORMATIVA. — UNIO CONTINUATIVA.

L'union informative est celle qui existe entre la
matière et la forme. Ex. : Entre l'âme et le corps. —
L'union continuative est celle qui existe dans les
diverses parties d'une substance. Ex. : L'union des
diverses parties d'un arbre.

UNITAS.

L'unité est l'indivisibilité de l'être. « L'unité, dit
S. Augustin, convient à tout ce qui est.» (de Vera re-
ligione, c. xxxvi, n. 66). « Toute chose est une par
son essence » dit S. Thomas (1re part., q. vi, a. 3 ;
q. xi. a 4 ; q. lxxvi, a. 7).

UNITAS FORMALIS. — UNITAS TRANSCENDENTALIS.

L'unité transcendantelle n'est autre que l'indivisibilité de l'être ; elle convient à tous les êtres. —
L'unité formelle convient à tous les êtres qui ont une
même forme.

UNITAS GENERICA, — SPECIFICA, — NUMERICA

L'unité générique convient à tous les individus
qui appartiennent au même genre. Ex. : Il y a unité
générique entre l'homme et le lion. — L'unité spé-

cifique convient à tous les êtres qui appartiennent à
la même espèce. Ex. : Il y a unité spécifique entre
tous les hommes. — L'unité numérique convient aux
êtres qui n'ont pas d'individuation propre et qu'on
ne peut séparer les uns des autres pour les compter.
Une chose est dite une numériquement de trois manières, observe S. Thomas : comme indivisible en
acte et en puissance, ou en acte seulement, ou comme
étant une perfection » (3ᵉ p., q. LXXIII, a. 2).

UNITAS METAPHYSICA. — UNITAS PHYSICA.

L'unité métaphysique est le nom donné par les modernes à l'unité de simplicité. — L'unité physique est
le nom donné à l'unité de composition. V. *Unitas
simplicitatis.*

UNITAS NATURALIS, — ARTIFICIALIS, — AGGREGATIONIS.

L'unité naturelle convient aux êtres dont les éléments constitutifs doivent, par leur nature, s'unir et
se compléter mutuellement. Ex. : L'âme unie au
corps. — L'unité artificielle convient aux êtres dont
les éléments ont été unis non par la nature mais par
l'art de l'homme. Ex. : L'unité qui existe dans une
machine. — L'unité d'agrégation convient aux êtres
simplement rapprochés. Ex. : Un monceau de pierres.

UNITAS SIMPLICITATIS. — UNITAS COMPOSITIONIS.

L'unité de simplicité est l'absence de division dans a

un être qui est indivisible en acte et en puissance, c'est-à-dire qui n'est pas divisé et qui ne peut l'être. Ex. : L'ange, notre âme. — L'unité de composition est l'absence de division dans un être qui est indivisible en acte, mais qui est divisible en puissance. c'est-à-dire qui n'est point divisé, mais qui peut l'être. Ex. : Notre corps.

UNITAS SOLITUDINIS.

L'unité de solitude est le nom donné à l'unicité. V. *Unicitas.*

UNIVERSALE.

L'universel est ce qui, quoique un, s'applique à plusieurs choses, *unum versus alia.* V. saint Thomas (1re p., q. XIII, a. 9; q. LV, a. 3 ; q. LXXXV, a. 3).

UNIVERSALE ANTE REM, — IN RE, — POST REM.

L'universel avant la chose, *ante rem*, est l'idée divine, l'archétype destiné à être réalisé dans les individus.— L'universel dans l'objet, *in re*, est l'archétype réalisé dans l'individu actuellement existant. — L'universel après l'objet, *post rem*, est l'abstraction que notre intellect tire des individus existants.

UNIVERSALE IN CAUSANDO, — IN OBLIGANDO.

L'universel *in causando* désigne une cause capable de produire plusieurs effets différents. — L'universel *in obligando* désigne une chose créant pour plusieurs une obligation stricte. Ex.: Le Décalogue.

UNIVERSALE IN SIGNIFICANDO, — IN ESSENDO.

L'universel de signification est celui qui peut désigner plusieurs êtres. Ex. : Le terme aigle peut désigner un oiseau, une étoile, un drapeau, etc. — L'universel *in essendo* est celui qui peut exister dans plusieurs êtres. Ex. : L'animal.

UNIVERSALE METAPHYSICUM, — PHYSICUM, — LOGICUM.

L'universel métaphysique est l'essence des êtres considérée d'une manière abstraite. — L'universel physique est l'essence considérée dans chacun des individus qui la possèdent. — L'universel logique est l'attribut que l'on peut affirmer de plusieurs êtres.

UNIVERSALIA.

Les universaux; étymologiquement *unum versus alia,* un se rapportant à plusieurs. — V. *Prædicabilia.*

UNIVOCA CAUSA. — UNIVOCE. — UNIVOCI TERMINI.

La cause univoque. V. *Causa univoca.*— Les choses univoques, v. *Termini univoci.*— D'une manière univoque, v. *Æquivoce, univoce.* — Les termes univoques, v. *Termini univoci.*

UNIVOCA UNIVOCATA. — UNIVOCA UNIVOCANTIA.

Les univoques *univocata* sont les choses désignées par la même appellation. — Les univoques *univocantia* sont les termes synonymes. V. *Termini univoci.*

UNUM. — ALIQUID.

Un être est appelé un en tant qu'il est indivisible en soi. — Il est appelé quelque chose, *aliquid*, en tant qu'il est distinct de tout autre. V. S. Thomas (Qq. disp., de Veritate, q. 1, a. 1, c.).

UT SIC.

Cette expression s'emploie en deux sens différents : 1° pour désigner le sens réduplicatif, ex. : L'homme, *ut sic*, est doué de raison, c'est-à-dire l'homme, en tant qu'homme, est doué de raison ; 2° pour indiquer que la chose dont il s'agit est considérée sous un point de vue spécial, sous certain rapport, suivant certaines circonstances. V. saint Thomas (in lib. IV Sent., dist. VIII, q. 1, a. 2).

V

Le verbe intellectuel est la ressemblance de l'objet connu, ressemblance que notre intelligence forme en elle-même par le moyen de l'espèce impresse. « Le verbe produit par l'intellect, dit S. Thomas, est la ressemblance de la chose connue » (Q. disp., de Potent., q. VIII, a. 1, c.).—« Quiconque comprend, par là même qu'il comprend, produit quelque chose au dedans de lui-même, et c'est le verbe » (1re part., q. XXVII, a. 1. c.). — « Le verbe ne peut être dans l'âme sans une pensée actuelle. » (1re part., q. XCIII, a. 7). — « Ce que l'intellect forme dans son intellection s'appelle verbe » S. Thomas (opusc. XIII, de la Distinction du verbe divin et du verbe humain). L'intellection s'appelle verbe parce que, comme le remarque S. Augustin (de la Trinité, liv. XX, c. 10), la pensée formée en nous par la connaissance d'un objet est un verbe que nous parlons, une parole que nous prononçons intérieurement. — Le verbe intellectuel est désigné par plusieurs termes : conception, intention, idée, espèce expresse. — Le verbe mental est la ressemblance idéale de l'objet, engendrée par notre esprit. De même que la parole extérieure est le moyen par lequel nous connaissons l'idée cachée sous les mots, ainsi la parole mentale est le moyen par lequel nous connaissons l'universel.

VERITAS.

La vérité est une équation entre l'objet connu et le sujet connaissant. « La raison de la vérité, dit S. Thomas, consiste dans l'équation de la chose et de l'intellect » (1ʳᵉ part., q. xxi, a. 2, c). « La raison de la vérité est dans l'intellect avant d'être dans les choses » (1ʳᵉ part., q. xvi, a. 1). « La vérité désigne la relation par laquelle l'être se rapporte à l'intellect, comme le bon à l'appétit » (1ʳᵉ part., q. xvi, a. 1 et 3).

VERITAS IN ESSENDO, — IN COGNOSCENDO, — IN SIGNIFICANDO.

La vérité dans l'être, *in essendo*, est la conformité de l'être avec l'intelligence qui le produit. Ainsi tous les êtres sont vrais parce qu'ils sont conformes à l'intelligence divine, leur cause ; de même l'œuvre exécutée par l'artiste est vraie lorsqu'elle réalise la pensée de son auteur. « La vérité des êtres, dit S. Thomas, se rapporte à l'intelligence divine comme à sa cause et à l'intelligence humaine comme à son effet » (Q. q. disp., *de la Vérité*, q. 1, a. 4, c). — La vérité dans la connaissance, *in cognoscendo*, est la conformité de l'objet connu avec l'intellect connaissant. « La vérité, dit S. Bonaventure, est la convenance de l'objet connu avec l'intellect ; cette convenance n'est autre que l'équation de la chose avec l'intellect » (in libr 1 Sent., dist. xxxviii, a. ii, q. i). — La vérité dans le signifié, *in significando*, est la conformité du signe avec la chose signifiée ; c'est la véracité. V. S. Thomas (2ª 2æ, q. cix, a. 1, et Q. q. disp., de la Vérité, q. 1, a. 1).

VERITAS METAPHYSICA, — LOGICA, — MORALIS.

La vérité métaphysique est la conformité de chaque être avec l'archétype divin qu'il réalise. — La vérité logique est la conformité de notre connaissance avec l'objet connu. — La vérité morale ou véracité est la conformité de notre parole avec notre pensée. V. S. Thomas (1ʳᵉ part., q. xxxi, a. 2 et contre les gentils, liv. 1, chap. lix. — La vérité métaphysique s'appelle aussi vérité objective, transcendantale ; la vérité logique prend quelquefois le nom de vérité subjective, vérité de connaissance, vérité formelle.

VERITAS SYNTHETICA, — ANALYTICA.

La vérité synthétique a pour objet l'essence des choses. Ex.: La somme des trois angles d'un triangle égale deux angles droits. — La vérité analytique est celle qui est connue par l'expérience. Ex.: La terre est ronde.

VIA. — TERMINUS.

La voie ; le terme. Être dans la voie, *in via,* c'est être sur cette terre, dans le temps d'épreuve et parcourir le chemin, la voie qui mène à l'autre vie. — Etre au terme, *in termino,* c'est être dans l'autre vie, qui est le terme de celle-ci.

VIOLENTIA. — NATURA.

La violence est une force contraire à l'inclination de la nature. V. *Natura, Violentia.*

VIOLENTUM. — NATURALE. — ARTIFICIALE.

Le violent est ce qui est opposé à l'inclination naturelle. V. *Artificiale, naturale, violentum.*

VIRTUALITER.

Virtuellement, c'est-à-dire en puissance. « La science, dit S. Thomas, est virtuellement contenue dans les principes » (1ᵐ part., q. 1, a. 7, c.). La conclusion contient virtuellement les prémisses.

VIRTUALITER. — PHYSICE.

D'un contact virtuel ; d'un contact physique. V. *Contactus physicus, virtualis.*

VOLITIO.

La volition est l'acte de la volonté et peut se définir : Un acte qui procède d'un principe intrinsèque avec connaissance de la fin. C'est l'acte que produit notre âme avec connaissance de la fin et suivant son inclination. Ex. : Aimer sa mère.

VOLUNTAS.

La volonté est la faculté de rechercher le bien connu par la raison. « La volonté, dit S. Thomas, est un certain appétit raisonnable » (1ª 2ᵃᵉ, q. VIII, a. 1, c). — Ailleurs (1ª q. LXXII, a. 5) S. Thomas appelle la volonté l'appétit supérieur. Le bien seul est l'objet de la volonté, mais le bien connu par la raison et non tel qu'il est en réalité. « Vouloir, dit Bossuet, c'est poursuivre le bien conformément aux lumières de la raison.

VOLUNTARIUM. — INVOLUNTARIUM. — NON VOLUNTARIUM.

Le volontaire est l'acte que produit notre âme avec connaissance de la fin. V. S. Thomas (Contre les gentils, liv. I, c. LXXIV, n. 3, et 1ʳᵉ part. de la 2ᵉ, q. VI, a. 4. c). — L'involontaire est ce qui est contraire à l'inclination de la volonté. V. *Involuntarium.* — Le non volontaire est ce qui ne procède pas de la volonté. V. *Non voluntarium.*